不强势的父母

教育孩子要懂心理学

孔文静 ◎ 著

苏州新闻出版集团
古吴轩出版社

图书在版编目（CIP）数据

不强势的父母：教育孩子要懂心理学 / 孔文静著.
苏州：古吴轩出版社，2024. 11. -- ISBN 978-7-5546
-2491-3

Ⅰ．G780

中国国家版本馆CIP数据核字第2024HR4587号

责任编辑：任佳佳
策　　划：汲鑫欣　杨晓静
装帧设计：YOLENS
版式设计：崔　旭

书　　名：不强势的父母：教育孩子要懂心理学
著　　者：孔文静
出版发行：苏州新闻出版集团
　　　　　古吴轩出版社
　　　　　地址：苏州市八达街118号苏州新闻大厦30F
　　　　　电话：0512-65233679　　　邮编：215123
出 版 人：王乐飞
印　　刷：天宇万达印刷有限公司
开　　本：670mm×950mm　　1/16
印　　张：12
字　　数：139千字
版　　次：2024年11月第1版
印　　次：2024年11月第1次印刷
书　　号：ISBN 978-7-5546-2491-3
定　　价：46.00元

如有印装质量问题，请与印刷厂联系。0318-5695320

前 言
PREFACE

父母是孩子第一任老师，也是孩子人生的引路人。不同的家庭教育方式会对孩子成长产生不同的影响，好的家庭教育会让孩子受益终身，而糟糕的家庭教育也会影响孩子一生。

父母对孩子采取什么样的态度，孩子就会有什么样的表现。孩子的性格很大程度上是由父母的态度决定的。强势的父母容易养出自卑、懦弱的孩子；而能和孩子平等沟通的父母，更容易养出自信、乐观的孩子。

有些父母仍然秉持着类似"棍棒底下出孝子"的教育理念。强势的棍棒教育，不但打没了孩子童年的欢乐和创造性，还造成亲子关系紧张。许多在棍棒教育下成长起来的孩子，即便在长大后也无法原谅父母。因此，强势的教育方式并不适用于所有孩子。

科学的教育方式，尤其是幼年时期的教育方式对孩子的成长至关重要。

父母都是爱孩子的，但不是所有父母都懂得如何用正确的方式管教孩子。一些父母把批评、指责当作向孩子表达爱的方式，觉得"打是亲，骂是爱"。但孩子在批评和指责中感受不到父母的爱，只会觉得恐惧，得不到情感上的满足。

马斯洛需求层次理论认为物质需求是人最基本的需求，而情感需求则是更高层次的需求。称职的父母不仅要满足孩子的物质需求，让孩子吃饱穿暖，还要满足孩子更深层次的情感需求。如果在幼年时期，孩子的情感需求得不到满足，有可能导致成年之后的性格缺陷，比如成年后形成讨好型人格等。在教育的过程中，父母要学会运用语言和肢体动作，多向孩子表达爱和关怀，多鼓励孩子，发现孩子的闪光点，这些做法都有利于培养出一个乐观开朗、人格健全的孩子，使孩子避开一些成长弯路。

很多时候，孩子的行为和性格出现问题，是因为父母的教育方式出了问题。因为孩子最初的人生观和价值观都来自父母，家庭教育是教育的起点和基点，对于孩子品德及良好习惯的养成都发挥着重要作用。"父母之爱子，则为之计深远。"父母在教育孩子时，掌握正确的教育方式十分必要。

本书从心理学角度出发，着重阐述了如何用科学的方式对孩子进行管教，如何用正确的方式与孩子沟通。比如，父母在管教时，要把握好不同年龄孩子的心理状态，要注意场合、态度。不要在公开场合训斥孩子，不要公然揭孩子的短；孩子不听话时，父母应该跟孩子平等地坐下来谈，而不是直接训斥、责骂；父母不能只看到孩子的缺点，忽略孩子的优点，把孩子全盘否定；等等。另外，父母还需要言传身教，需要通过营造环境去引领孩子更好地成长。

总之，不强势的父母，能够站在孩子的角度思考自己的教育方式，能够培养出更加独立、自信、有同理心以及有责任心的孩子。

目录
CONTENTS

第一章 与孩子沟通时，父母应该懂的心理学

"红白脸"教育不可取，家庭教育避免手表定律 / 002

父母要了解标签效应，智慧地为孩子"贴标签" / 005

过度批评导致超限效应，孩子容易叛逆 / 007

孩子越骂越自卑，警惕孩子产生习得性无助心理 / 009

用好罗森塔尔效应，孩子越夸越优秀 / 012

了解南风效应，父母要学会有话好好说 / 015

父母掌握阿伦森效应，让教育更轻松 / 018

正确运用拆屋效应，学会对孩子提要求 / 020

缄默效应不容忽视，后果很严重 / 022

警惕踢猫效应，别让孩子成为父母坏情绪的垃圾桶 / 024

爱也要有合理的距离，别让父母的爱刺伤孩子 / 026

第二章　培养孩子的自信心，父母应该懂的心理学

认识爱抚效应，被爱的孩子更自信 / 030

多用称赞效应，让孩子更自信 / 032

了解亨利效应，让孩子树立自信 / 034

认识优势效应，让孩子学会扬长避短 / 037

杜根定律：信心决定成败 / 039

懂得宽容定律，让孩子敢于试错 / 041

情感效应：好父母让孩子感受到爱的力量 / 043

涟漪效应：让孩子通过微小的成功收获更多成功和自信 / 045

了解鱼缸效应，给孩子足够的成长空间 / 048

第三章　教孩子做情绪的主人，父母应该懂的心理学

了解淬火效应，学会"热问题冷处理" / 052

愤怒重构，帮助孩子跳出负面情绪 / 054

"评定-兴奋"理论，帮孩子认识情绪 / 057

利用理性情绪理论，学会跳出情绪 / 060

认识钟摆效应，负面情绪不是坏情绪 / 062

知晓认知失调理论，别让负面情绪成为孩子的绊脚石 / **065**

运用系统脱敏法，帮孩子轻松控制情绪 / **067**

了解空船效应，帮孩子摆脱坏情绪 / **069**

第四章 助力孩子养成优秀的品格，父母应该懂的心理学

认识赫洛克效应，轻松培养优秀的孩子 / **072**

了解半途效应，培养孩子坚持不懈的品质 / **075**

适当运用压力效应，提高孩子的抗压能力 / **077**

孩子一到大考就失利，需要了解詹森效应 / **079**

父母要警惕投射效应，适合孩子的才是最好的 / **081**

运用自然惩罚效应，让孩子主动从错误中汲取教训 / **083**

近期目标效应：千里之行，始于足下 / **086**

了解达克效应，让孩子正确认识自己 / **088**

运用禁果效应，培养孩子的好奇心和求知动力 / **091**

第五章 培养孩子的好习惯，父母应该懂的心理学

运用21天效应，帮助孩子养成好习惯 / **094**

了解镜像效应，做孩子明净的镜子 / **096**

破窗效应不容忽视，坏习惯要狠抓 / **098**

借助路径依赖效应，让孩子养成好习惯 / **100**

掌握角色效应，轻松培养孩子的好习惯 / **102**

登门槛效应：习惯培养要循序渐进 / **104**

多巴胺效应：让孩子快乐地养成好习惯 / **106**

巧用白熊效应，用正向的语言去描述习惯 / **108**

普雷马克效应：让孩子养成好习惯的诀窍 / **110**

了解棉花糖效应，帮助孩子养成延迟满足的好习惯 / **112**

第六章 让孩子快乐学习，父母应该懂的心理学

把握孩子成长关键期，培养良好的学习习惯 / **116**

双生子爬梯实验：学习要尊重孩子的发育规律 / **119**

巧用霍桑效应，提高孩子学习的积极性 / **121**

运用自我参照效应，提高孩子的记忆力 / **123**

越玩越聪明，让孩子在游戏中学习成长 / **125**

运用备忘录效应，教会孩子做笔记 / **127**

巧用鸡尾酒效应，提高孩子的专注力 / **129**

"胡萝卜加大棒"理论：制定明确的奖惩规则 / **131**

运用蔡格尼克效应，帮孩子克服"拖延症" / **133**

不要让过度理由效应毁坏孩子的学习兴趣 / **135**

第七章 指导孩子建立良性社交关系，父母应该懂的心理学

构建良性亲子依恋关系，为孩子未来发展打好基础 / **138**

首因效应不容忽视，给他人留下良好"第一印象" / **141**

纽科姆理论：在人际交往中寻找共性 / **144**

警惕观察者偏见，避免错误地引导孩子 / **146**

懂得倾听：良好人际关系形成的关键 / **148**

梅拉比安沟通定律：非语言沟通的力量 / **150**

了解蘑菇效应，帮助孩子融入班集体 / **152**

学会坐向效应，让孩子轻松交朋友 / **155**

了解人际互动中的互惠原理，让孩子学会分享 / **157**

认识环境效应，让孩子广交益友 / **159**

社会意向性：高情商的基石 / **161**

第八章 培养孩子正确的金钱观，父母应该懂的心理学

红苹果效应：身教胜于言教 / **164**

破除鸟笼效应，让孩子做理性消费者 / **166**

了解沉没成本效应，让孩子懂得及时止损 / **168**

警惕晕轮效应，别让孩子落入消费陷阱 / **170**

善用目标效应，培养孩子的理财思维 / **172**

了解童年报复性补偿效应，别给孩子留遗憾 / **174**

了解强化效应，在潜移默化中培养孩子的金钱观 / **177**

了解棘轮效应，让孩子养成节俭的美德 / **179**

警惕羊群效应，指导孩子正确认识自己的需求 / **181**

第一章

与孩子沟通时,父母应该懂的心理学

"红白脸"教育不可取，
家庭教育避免手表定律

手表定律也称为矛盾选择定律，它是由英国心理学家萨盖提出来的，因此又被叫作萨盖定律。手表定律指的是当一个人同时拥有两块手表时，两块手表显示的时间可能不一致，看表的人难以确定时间，反而会导致生活出现混乱的情况。

我们观察一些家庭教育场景时，也常常会发现手表定律的影子。比如，很多家庭中，父亲和母亲会分别扮演"红脸"和"白脸"的角色，一慈一严，对孩子的要求往往不一致，由此，孩子的思维、行为在无形中可能会产生混乱，出现一些困扰。

淘淘今年4岁，是个活泼开朗的小男孩，各方面的表现都很优秀。对于淘淘的教育，淘淘的爸爸妈妈采取的是"红白脸"教育方式：淘淘妈妈经常扮演"白脸"的角色——淘淘犯错后，淘淘妈妈会在第一时间严厉地批评他；淘淘爸爸则常扮演"红脸"的角色——每当淘淘因为被妈妈训斥而心情低落时，淘淘爸爸就会安抚他。

淘淘妈妈一直对这种"红白脸"教育方式很满意。直到有一天，一家人出去玩，淘淘妈妈给淘淘点了一个儿童套餐，当淘淘妈妈说她想吃套餐里的薯条时，淘淘又哭又闹，不让妈妈吃。淘淘爸爸也试着像淘淘妈妈那样说了一下，结果淘淘非但没有哭闹，还让爸爸用薯条蘸番茄酱吃。这件事让淘淘妈妈很伤心：淘淘的饮食起居明明都是自己无微不至地照顾，可是现在淘淘怎么反倒很抵触自己？

所谓"红白脸"教育，实际上就是在家庭里塑造一个让孩子害怕的对象，孩子做事会小心翼翼，因为一旦犯错就可能被其处罚。无论父母哪一方被塑造成"白脸"的角色，都有可能成为孩子疏离或反感的对象。

在隔代教育中也可以经常发现手表定律的影子。很多父母因为工作忙，就把孩子交给爷爷奶奶或姥姥姥爷照顾。因为隔代亲，爷爷奶奶或姥姥姥爷往往比较溺爱孩子，再加上长辈的教育观念和孩子父母的教育理念存在差异，所以，在对孩子的教育方面也可能出现符合手表定律的情况——出现隔代"红白脸"教育，一般是爷爷奶奶或姥姥姥爷扮演"红脸"，爸爸妈妈扮演"白脸"。

这种隔代"红白脸"教育对孩子的成长也是不利的，不但容易导致亲子关系紧张，而且容易导致孩子有两面性——孩子和谁在一起，就采用与对方要求相匹配的互动模式。比如，很多孩子明明在父母面前可以自己独立、安静地吃饭，但和爷爷奶奶在一起时却边玩边吃饭，甚至还要让爷爷奶奶喂饭。很明显，隔代"红白脸"教育不利于孩子养成良好的生活习惯。

手表定律启示我们：父母需要统一家庭的教育理念。当家庭中存在不一样的教育理念时，可以召开家庭会议进行讨论，得出一套最有利于孩子成长的教育方案。虽然父母和爷爷奶奶、姥姥姥爷的教育理念存在差异，但是大家对孩子的爱是一样的，只要经过充分沟通，家庭中的教育理念就能够得到统一，孩子就会成长得更顺利。

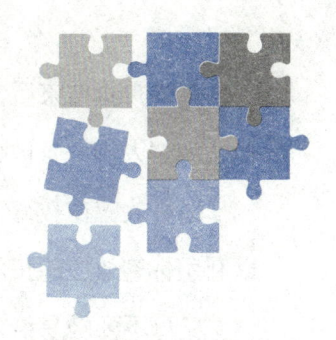

父母要了解标签效应，智慧地为孩子"贴标签"

标签效应是一种心理现象，是指当一个人被贴上某个标签后，他就倾向于自己做出的行为、展现出的态度与自己被贴的标签相符合。这种因为被贴上标签而主动改变行为和态度的现象就叫作标签效应。标签可以是正面的，也可以是负面的，无论是好是坏，都对一个人的自我意识和自我认同有强烈的影响作用。

第二次世界大战期间，美国心理学家贝科尔进行了一次实验：他在部队中招募了一批表现很差的新兵，要求他们每人每月给家人写一封信，并要在信中将自己描述成一名优秀的士兵，讲述自己在战场上是如何遵守纪律、奋勇杀敌、立功受奖的，等等。结果，半年后，当初表现很差的这些士兵的面貌发生了翻天覆地的变化，他们真的像自己在信中所描述的那样，都变成了优秀的士兵。

这个实验结束后，贝科尔提出了"标签效应"这个心理学概念，他认为"人们一旦被贴上某种标签，就会成为标签所标定的人"。

标签效应在教育领域被广泛应用。在教育孩子的过程中，父母可以利用标签效应的正面作用，发挥它的积极作用。

父母不要轻易给孩子贴上"坏孩子"的标签，因为孩子一旦被贴上"坏孩子"的标签，孩子身上的优点几乎就被抹杀了，意味着孩子的心理和行为也会朝着标签所指示的"坏"的方向做出转变，进而有可能"破罐子破摔"，让本来还有很多优点、很有潜力的孩子真的变成了"坏孩子"。

了解了标签效应，父母就千万不要在孩子犯了一点儿小错时就训斥或贬低孩子，不要给孩子贴上所谓"坏孩子"的标签，以免反而使孩子向不好的、错误的、父母不希望的方向发展。

父母一定要善于发现孩子身上的优点，多给孩子贴一些正面的、积极的、美好的标签，比如勤奋、勇敢、自律、乐观、上进等。正向的标签会使孩子下意识地强化自己的优秀的言行，在潜移默化中，孩子会变得越来越出色。

过度批评导致
超限效应，孩子容易叛逆

　　超限效应是指由于刺激过多、刺激强度过大、刺激作用时间过长而引起被刺激人不耐烦或反抗的心理现象。超限效应的大小与人的适应能力和心理承受能力有关，当外界刺激超出被刺激的人的心理承受能力时，刺激作用会呈现边际递减效应，被刺激人可能出现抵触、反感、逃避甚至反抗等情绪。最经典地呈现超限效应的事例是著名作家马克·吐温"偷钱"的故事。

　　美国著名作家马克·吐温被邀请参加某教堂举办的慈善活动。活动开始，牧师开始演讲，马克·吐温深受感动，决定等活动结束后就把自己身上带的钱全部捐出去。十分钟后，牧师仍在滔滔不绝地演讲，马克·吐温觉得有些无聊了，想着活动结束后只捐一些零钱。又过了十分钟，牧师还没有讲完，马克·吐温听得不耐烦了，他决定分文不捐。再过了十分钟，牧师终于结束了演讲，马克·吐温认为牧师浪费了自己的时间，非常生气，最后，他不仅没有捐款，还从装捐款的盘子里拿走了两元钱。

　　超限效应也经常出现在家庭教育中。有些父母在孩子考试失利或在日常生活中犯错时，要么不断地在孩子耳边唠叨，要么对同一件事反复地批评。父母第一次批评时，孩子往往会有不安和愧疚感，但如果父母总是揪着同一件事不停地批评的话，孩子的不安和愧疚感不仅会烟消云散，还会对父母的唠叨感到厌烦，甚至产生逆反心理。

　　因此，父母在孩子做错事时，批评和教育要把握好度，要点到为止，不要针对同一个问题对孩子反复唠叨或指责，要给孩子留出自我反省的空间。

孩子越骂越自卑，
警惕孩子产生习得性无助心理

习得性无助是一种消极的心理状态，是个体长期经历无法预测或无法控制的负面刺激后，逐渐失去改变或掌控情况的信心，情感和行为变得消极，从而产生无助感。一些儿童会因习得性无助而产生某些心理问题和行为问题。我们可以通过下面马戏团动物的例子来了解这一心理现象。

马戏团的训练师在小象幼年时就给它的脚戴上铁链，将它拴在柱子上，小象被限制在很小的范围里活动。刚开始，小象会挣扎，试图摆脱铁链的束缚，但经过几天后，小象发现完全无法挣脱，便乖乖地在限定的狭小范围内活动。小象成年后，它虽然完全有挣脱铁链束缚的力量，但它却不会去尝试了，因为它在幼年期的经历让它认为挣扎和尝试没用，无法改变现状，也就是说，它产生了习得性无助的心理，于是，它不再尝试。

20世纪60年代末，心理学家马丁·赛利格曼和史蒂文·梅尔进行了关于习得性无助的动物实验。他们将狗分成A、B两组分别关进不同的笼子里，实验人员对A组狗进行没有规律、不可预测的电击，A组狗无法控制电击；而B组狗有躲避条件，可以通过跳过笼中的障碍物避免电击，也就是说，B组狗在一定程度上对电击可以控制。经过一段时间后，实验人员发现：就算把A组狗转移到可以躲避电击的笼子里，它们也不再尝试跳到笼子中安全的一侧。1975年，马丁·赛利格曼又对人进行了类似的实验，得到了类似的实验结果。

在现实生活中，有些孩子对于某些任务，并非真的无法完成，而是因为之前发生的一些事情使自己陷入了习得性无助的心理状态，表现为自我否定，遇到困难只想着退缩，等等。孩子产生习得性无助的主要原因是父母或老师对孩子的负面评价过多。孩子在经历父母或老师多次贬低和责骂后，就会觉得自己真的很差劲，认为自己再努力也无济于事，因而产生习得性无助感，产生自我放弃的心理。

虽然马丁·赛利格曼在《真实的幸福》一书中认为幼年时产生的习得性无助心理可以在后天通过学习摆脱，但是并非每个人都能逃出习得性无助的阴霾。有时，习得性无助心理对孩子的影响甚至持续终生。就像上述故事中成年后的大象根本不会去挣脱铁链一样，因童年的某些遭遇而形成习得性无助心理的孩子，在成年后即使遇到好的工作机会也往往不敢争取，在遇到困难时第一反应是逃避……

以学习为例，很多父母望子成龙的心情是可以理解的，但不要给孩子设置难度过大的学习任务，而应该对孩子的学习任务进行合理安排，让孩子在学习的过程中能够不断获得成就感。如果父母给孩子安排的学习任务的难度总是过大,超过了孩子的能力范围,孩子无法完成,但父母却不理解,总是对孩子进行批评、指责,那么慢慢地,孩子就会对学习失去兴趣、失去信心,进而对学习产生习得性无助的心理,甚至可能厌学。

因此,父母教育孩子时,或和孩子沟通时,要注意自己的言语,要审视自己的做法是否得当,是否符合孩子的成长规律。要多鼓励孩子,不要用负面的话语批评孩子,不要随意贬低、指责孩子,以免孩子陷入习得性无助的旋涡。

用好罗森塔尔效应，
孩子越夸越优秀

罗森塔尔效应也被称为皮格马利翁效应，指的是人们对某个人的期望或预言能够影响这个人的行为和结果，并使得这个人的行为和结果符合人们的期望或预言。或者说，当人们对某个人有某种积极的期望时，他们的期望会对这个人的行为或表现产生正向影响。我们也可以把罗森塔尔效应看作预期效应。

罗森塔尔效应与亲子关系、自我实现等息息相关。关于这个心理效应，美国著名心理学家罗森塔尔曾经做过一个实验。

罗森塔尔到一所普通的小学，选择了几个班级，对这几个班级的学生进行了"未来发展趋势测验"，然后，他在白纸上随机写下一些学生的名字，并将这份名单交给了每个班的老师。罗森塔尔告诉老师："名单上的孩子都是极有发展前途的孩子。"他还叮嘱老师们这份名单一定要保密。一段时间之后，罗森塔尔和助手对名单上的孩子进行复试，结果令人欣喜：名单上的孩子的成绩都有了较大的提高，并且，变得更加活泼、开朗、自信了。

但事实是，名单上的名字是罗森塔尔随意选取的。那些孩子之所以各方面进步巨大，并不是因为他们真的天赋异禀，而是因为老师当时拿到名单后很相信名单上的孩子比其他孩子聪明。这就是罗森塔尔效应，也被叫作教师期望效应。

罗森塔尔效应之所以也被叫作皮格马利翁效应，要从一个古希腊神话传说讲起。传说皮格马利翁是一位国王，他喜欢雕刻且技艺高超。他用象牙雕刻一个美丽的少女雕像，在雕刻这个少女雕像时他倾注了全部热情。当这座雕像完成后，他爱不释手，每天欣赏，希望这个少女雕像能够成为活生生的真人，能成为自己的妻子。终于，爱神被他打动，赋予少女雕像以生命。罗森塔尔实验的灵感正是来源于这个传说。

后人将罗森塔尔效应总结为：赞美和期望能够产生奇迹。罗森塔尔效应告诉我们，对一个人传递积极的暗示，会使他变得更优秀。父母在教育孩子时要学会运用罗森塔尔效应，孩子会逐渐变成父母所期待的样子。一般原则如下：

第一，合理地提高对孩子的期望，并充分相信孩子能够做到。多正向地肯定孩子，使孩子变得更加自信。

第二，多赞美鼓励孩子。当孩子取得进步或者做出值得夸赞的行为时，父母要及时对孩子给予积极的反馈，不断激发孩子努力的动力，使孩子相信自己能够成功。

第三，不要将孩子与他人做过多的比较，要认识到每个孩子都有各自的成长规律，并相信孩子具有极大的潜能。

需要注意的是：父母夸赞孩子，要遵循真实性原则，夸赞的内容是基于孩子实际的表现和付出的努力。正确的夸赞会让孩子感受到来自父母的肯定和期待，从而更加努力地去实现目标，更自信地去面对困难和挑战。另外，夸赞孩子时，父母也可以针对具体的事件和情况及时地给予孩子帮助和支持。父母们还要记得：夸赞不能过度，否则有可能使孩子产生骄傲自满的心理。

了解南风效应，
父母要学会有话好好说

在教育界被广泛运用的南风效应式教育，也被称为温暖法则，它源自法国作家拉·封丹所写的一则寓言故事，故事的主旨是"温暖能够战胜寒冷"，内容大致如下。

这天，南风和北风来到街上。北风提议要和南风比赛，看谁能让行人脱掉大衣。北风选择用强硬的冷风与行人对抗，鼓足了劲朝行人吹个不停，于是，寒风凛凛，行人为了抵御寒冷，把身上的大衣裹得更紧了。北风吹累了就停下了。而南风则选择用和煦温暖的风吹拂行人，行人感到很温暖，便脱掉了大衣。

南风之所以赢得了比赛，是因为温暖、温和比强硬和对抗更容易达到预期效果。

有些父母推崇"棍棒底下出孝子""不打不成器"的教育理念，

在孩子懈怠或犯错时，会简单粗暴地选择训斥或体罚的方式教育孩子。但是，这种"北风式"的教育方式很可能使孩子产生反感情绪，甚至造成亲子关系紧张。这种教育方式要么让孩子变得内向、自卑，要么让孩子变得叛逆，有可能把孩子越推越远。很多孩子成年后还在埋怨父母，并与父母的关系非常疏远。

心理学家伊森·克罗斯曾做过一个实验——用机器对实验对象的脑电波进行检测。实验结果表明：当实验对象遭受语言暴力时，其产生的情绪伤痛在大脑中的反应和身体遭受电击时大脑的反应极为相似。

孩子遭受语言暴力时，大脑中的神经网络会发生结构性变化，所以，父母不要忽视语言的力量，在教育孩子时要学会转变思维方式，学会运用南风效应，要了解孩子真实的心理需求，然后通过恰当的方式对孩子进行引导，反而会产生事半功倍的效果。

马歇尔·卢森堡在经典的心理学著作《非暴力沟通》中提出的非暴力沟通的四个步骤也适用于亲子沟通。

第一步，不带评判地观察。在亲子沟通中，父母常常将观察和评判混为一谈。以孩子不小心打翻牛奶为例，观察时的表达是："你把牛奶打翻了，弄脏了地面。"而带情绪的评判则是："你可真笨啊！牛奶都能打翻。"孩子犯错时，父母应该聚焦于客观事实本身，帮助孩子解决出现的问题，而不应该用夹杂着负面情绪的评判去指责孩子。

第二步，区分感受和想法。以孩子考试成绩不佳为例。"我本来觉得你能考得更好的，是你这段时间没有认真学习才考得这么差！"

这句话是父母在表达想法。"你这次的考试成绩让我有点儿失望。"这是父母在表达感受。在亲子沟通过程中，要多表达感受，少表达想法，因为表达感受往往更容易与他人建立联结，还能避免很多误会。父母要敢于向孩子表达自己的感受，甚至可以向孩子袒露自己内心的脆弱。

第三步，看见感受背后的需求。马歇尔·卢森堡认为：只有找出自己和他人的需求，才能找到问题的核心。父母既要看懂孩子行为背后真实的需求，也要大胆向孩子表达自己内心的需求，更要鼓励孩子也这样做。很多孩子不知道如何用正确的方式表达需求，所以会采取一些错误的行为，比如为了引起父母的关注而故意装病逃学。

第四步，提出要求。提出要求时，注意明确内容。比如孩子经常因为做事拖拉迟到——"你做事能不能别这么拖拉，你每天上学都迟到！"这样的表达是父母对孩子提出了一个模糊的要求，要求孩子不能做什么。"你能每天提前十分钟起床，或者洗漱时速度再快一点儿吗？"这样的表达是父母对孩子提出一个明确的要求。和孩子沟通时，父母如果会用正确的方式提出要求，那么孩子就更容易听话照做。

父母掌握阿伦森效应，让教育更轻松

阿伦森效应指的是人会随着赞扬和奖励的增加，态度逐渐变得积极，而随着赞扬和奖励的减少，态度逐渐变得消极的一种心理状态。

心理学家阿伦森进行过这样一个实验：他邀请四组志愿者对某一人给予不同的评价，借以观察该人对哪组志愿者最具好感。每组志愿者对该人的表现进行评价，而被评价者"恰巧"可以暗中听到每一组志愿者对自己的评价。当然，这些评价内容都是提前安排好的，分别是始终褒扬、贬损否定、先褒后贬和先贬后褒。

经过数次实验，最后得出一个令人震惊的实验结果：最受被评价者欢迎的是对其先贬后褒的那组志愿者，最受被评价者反感的是对其先褒后贬的那组志愿者。

这一实验说明：人们更喜欢去做赞扬、奖励不断增加的事情，而讨厌去做赞扬、奖励明显不断减少的事情。

有些父母在教育孩子时，为增强孩子学习的动力，对孩子承诺：当他完成学习任务后就给予他一定的奖励。于是，孩子会在潜意识中把学习和奖励挂钩，当奖励逐渐变少或者无法满足孩子不断增加的要求时，孩子反而会失去学习的动力。所以，对于父母来说，当孩子学习进步或者在某方面取得好成绩时，可以对孩子进行表扬和鼓励，但最好不要将其过多地与物质类的奖励挂钩。

但是，在一些优秀的孩子身上，阿伦森效应有时更明显。这些优秀的孩子因为在某些方面表现出色，总能得到周围人的表扬和称赞。但是，当他们偶尔因为一次表现不佳，失去周围人的赞赏和表扬时，他们就会觉得倍受挫折，甚至会因为一次挫折而放弃继续努力。

所以，当孩子遭遇挫折时，父母要及时关注孩子的情绪，和孩子沟通并给予足够的鼓励和支持，以免孩子因为一次挫折而一蹶不振。

父母在和孩子沟通时，也可以灵活地运用阿伦森效应，按照先贬后褒的模式与孩子沟通，比如先指出孩子的错误，再对孩子做得好的地方进行褒奖，这样，孩子更容易接受父母的想法。

正确运用拆屋效应，学会对孩子提要求

鲁迅先生曾在一篇名为《无声的中国》的文章中写道："中国人的性情总是喜欢调和，折中的。譬如你说，这屋子太暗，须在这里开一个窗，大家一定不允许的。但如果你主张拆掉屋顶，他们就会来调和，愿意开窗了。"这就是心理学上的拆屋效应，指的是如果先提出一个比较过分的、不容易让人接受的要求，再提出一个较小的、比较容易达成的要求，对方一般会妥协选择第二个要求。

心理学家罗伯特·西奥迪尼曾做过的实验也证明了拆屋效应——通常先提出很高的、不容易被对方接受的要求，然后作为让步，再提出较低的要求就更容易被对方所接受。因为一般来说，人们不太愿意连续两次拒绝同一个人，当拒绝了对方的第一个难以实现的要求后，人们通常会对对方产生一种歉疚感，所以当对方提出第二个相对较易接受的要求时，人们会尽量答应。

有些孩子在犯错后，有时也会利用拆屋效应来免于受责罚。比如，孩子知道自己所犯的错必定会使父母大发雷霆，责骂自己。于是，孩子为了免受责骂，索性选择离家出走。父母发现孩子迟迟没有回家，就会心急如焚，四处寻找孩子。当找到孩子时，父母便不再追究孩子所犯的错误，因为孩子离家出走这件更严重的事情让父母一下就忘记了孩子所犯的错误。

从父母的角度来看，在亲子教育中，父母如果能够善用拆屋效应，不但可以让孩子欣然接受父母的合理要求，还能有效避免无谓的冲突。

需要注意的是，真正的亲子沟通需要诚心诚意，不可滥用拆屋效应。同时，父母在利用拆屋效应时，提的要求不能太过分，否则可能起到相反的作用。

缄默效应不容忽视，后果很严重

缄默效应是指弱势方因为强势方的身份、地位或权威而不敢表达自己真实的观点和需求，从而保持沉默或说些迎合对方的话，以免产生冲突或降低自身价值。缄默效应容易导致沟通信息失真，影响信息真实传递。比如，在家庭中，面对父母，一般来说孩子只能被动地接受父母的训导，有时为了避免受到父母的责罚而保持缄默。

当然，缄默并不代表顺从。父母使用强硬手段确实可以使孩子表面上顺从，但是孩子内心会出现叛逆、怨恨情绪，亲子关系会变得紧张。在亲子关系中，孩子如果长时间保持缄默，有可能出现心理问题。

8岁的菲菲是个活泼可爱的小女孩，每天都喜欢叽叽喳喳地和父母分享学校里发生的各种趣事。但菲菲妈妈发现女儿今年越来越安静了，和父母在一起时话越来越少了。每天下午菲菲放学回家后，就一个人坐在房间写作业或玩，不怎么和妈妈说话。菲菲妈妈觉得很伤心，因为是自己怕菲菲学习落后，所以今年对菲菲的要求严厉了很多，对菲菲说话也不像以前那么温和了。她没想到，自己这样做，会让菲菲变得越来越疏远自己。

心理学家认为，人虽然会在"皮鞭"面前显出顺从的样子，但那只是表面上的顺从，内心却不断累积着反叛、怨恨等复杂的情绪。在家庭中，孩子是依附于父母生存的，所以面对父母严厉的管教，除了缄默，孩子很难采取其他反抗方式。

孩子总是缄默，不愿亲近父母，追本溯源是父母的问题。要想让孩子重新对我们敞开心扉，就需要我们做会和孩子沟通的父母。

父母要主动放低姿态，用平视的视角和孩子沟通，而不要以父母的角度去命令孩子，不要动不动就批评孩子甚至体罚孩子。因为父母的强硬态度反而会激起孩子的逆反心理。

父母要多向孩子表达爱。父母对孩子的批评都是从爱孩子的角度出发的，但总是批评并不会让孩子感受到父母的爱，反而会觉得父母是不通情理的人。父母一定要多向孩子表达爱，孩子只有切实地感受到父母的爱，才敢于和父母沟通，才敢于向父母表达自己的需求，才不会总是以缄默的态度面对父母。

父母要给予孩子高质量的陪伴。很多父母下班后，一直盯着手机屏幕。虽然父母都在自己的身边，但是父母这样做，孩子难以感受到父母的陪伴。陪伴，并不是父母坐在孩子身边就可以，而是要和孩子能玩在一起，能说到一起，能和孩子进行深度沟通，这才是高质量的陪伴。

警惕踢猫效应，别让
孩子成为父母坏情绪的垃圾桶

踢猫效应指的是人的愤怒情绪和不满情绪往往会沿着由强到弱的社会关系链条依次传递，最终传递到底层，关系链条中最弱小的一环成为最终受害者，展现了坏情绪典型的传染机制。

父亲在公司上班时被上司批评，窝了一肚子火回到家中，并没有察觉到异样的孩子在客厅里玩闹。父亲觉得心烦，把孩子臭骂了一顿。孩子因为被父亲责骂而心情低落，恰巧家里的猫路过他身边，孩子便将坏情绪发泄到了猫身上，踢了猫一脚。

踢猫效应很容易出现在家庭中。现代社会，人们工作和生活压力都很大，情绪很容易不稳定。有些父母因在职场遭受"攻击"而情绪不佳时，潜意识会驱使他们将弱者当作发泄对象，而孩子作为最弱小的一方，明明没什么错，却往往会默默承受父母的坏情绪，成为父母坏情绪的受害者。

1993年，心理学家伊莱恩·哈特菲尔德提出了情绪传染概念，他认为情绪传染始于对情绪信息的察觉和无意识的模仿，情绪传染大部分都是自动的，是在潜意识中进行的，个体通过模仿被观察对象的表情，从而使双方的情绪状态同步和融合。后来，科学家发现了人类大脑中的镜像神经系统，发现当人际关系间发生情绪传递时，大脑中的镜像神经系统就会被激活，这一发现从生物学角度为情绪感染提供了证据支撑。

由上述内容我们可以知道，父母的坏情绪也会传染给孩子，对孩子造成负面影响，既可能影响并破坏父母与孩子之间的亲密关系，还可能让孩子也变成坏情绪的传递者。而且，父母是孩子的第一任老师，孩子会模仿父母的行为。经常面临踢猫效应的孩子，长大后很难成长为一个情绪内核稳定的人。因此，在家庭中，父母要截断踢猫效应的传播链条。

首先，父母不能做"踢猫人"，要学会控制自己的情绪，要成为情绪稳定的父母。父母在生活中产生坏情绪时，要沉着冷静，要学会用无害的手段对坏情绪进行化解和疏导，不把孩子当作发泄坏情绪的对象。

其次，父母要认识到孩子在家庭中的弱势地位，要多换位思考。无论是否承认，父母都应该意识到孩子就是家庭中的弱者。父母吵架、生气、愤怒，都会让孩子因父母的负面情绪而受到伤害。因此，父母意识到自己有负面情绪时，要理智地提醒自己，以免无辜的孩子受到坏情绪的伤害。

爱也要有合理的距离，别让父母的爱刺伤孩子

刺猬效应这一说法来自叔本华的哲学著作，是指刺猬在天冷时彼此靠拢取暖，但会保持一定距离，以免互相刺伤。人们借刺猬效应强调人际交往中个体之间的心理距离。后来，刺猬效应被广泛地应用于教育学中，教育者认为只有和受教育者保持适当的距离，才能达到更好的教育效果。

刺猬与刺猬之间如果靠得太近会被对方的刺刺伤，同理，人与人之间也需要保持一定的距离，因为每个人都需要一个独属于自我的空间。当自我空间被他人入侵时，人们通常会感觉心情不悦甚至愤怒。

美国社会心理学家爱德华·霍尔对人际交往过程中的物理距离进行研究，他将人际交往中的距离分为四类，即：公众距离、社交距离、个人距离和亲密距离。物理距离虽然能在一定程度上体现两人关系的亲密程度，但是并不是绝对的。而人与人之间的心理距离也是相对的，并非固定不变，会随着人们的亲近程度发生改变。

心理学中有一个术语叫作"心理界限",指的是个体在情感、思想、身体和行动等方面为自己设定的界限,用以区分自己与他人的责任和权利的范围。人们在交往过程中有意识地保持一定的距离和界限,就能避免不必要的矛盾和冲突。

有些父母在养育孩子的过程中,总是在不自知的情况下以父母之爱刺伤孩子。有些父母觉得孩子为自己所有,毫不在意与孩子间的边界感。殊不知,人与人之间一定要有一定的边界感,即便是父母与孩子之间。心理学家弗洛伊德认为,人们在家庭关系中同样需要保持一定的距离,家人之间感情再亲近,也需要通过保持一定的距离来表达尊重。

父母有了这样的觉悟,为了不"刺伤"孩子,就应该和孩子保持恰当的距离。

第一,给孩子留出适当的空间,不过分干涉孩子的私事。有些较为强势的父母总是喜欢事无巨细地关爱孩子,小到孩子吃什么零食,交什么样的朋友,大到高考选择什么样的专业、学校,都要帮孩子做决定。这些父母觉得自己是因为爱孩子才做这些事情。但这样的爱已经越界,不但会让孩子觉得心情不快,还会觉得父母令人厌烦,结果反而与父母的初衷背道而驰。

第二,学会尊重孩子的隐私。有些孩子不愿意和父母主动分享自己的事情,父母就去偷看孩子的日记本或社交账号上的内容,以此来了解孩子的想法。但是,父母要知道:过度打探孩子的隐私,追问孩子的秘密,容易破坏父母和孩子之间的心理距离。正所谓"距离产生美",父母和孩子之间只有保持恰当的距离,才能拥有健康、和谐的亲子关系。

第三，父母要多包容孩子的缺点。"水至清则无鱼，人至察则无徒"。父母对孩子的要求过于严厉，也可能给孩子带来较为沉重的心理负担。父母对孩子不要过于严厉地审视和要求，要适度地宽容和理解，这样，孩子才不会疏远父母，不会对父母"敬而远之"。

第二章

培养孩子的自信心，父母应该懂的心理学

认识爱抚效应，
被爱的孩子更自信

爱抚效应指的是通过爱抚等身体接触的方式，缓解对方的紧张情绪，改善对方的情绪状态，从而使人心情愉悦，并使人增加自信的一种心理效应。人们在压力巨大或情绪波动剧烈时，如果可以得到亲人或爱人的拥抱和爱抚，压力或情绪就会得到有效缓解。在生活中，父母不要吝啬用语言、动作、表情等让孩子感受到爱，要多和孩子进行身体方面的抚触。

妈妈带5岁的霜霜去医院接种疫苗。还在排着队，霜霜就已经哭闹不止了。妈妈说："霜霜别怕，妈妈抱着就不会疼的。"妈妈边说边温柔地抚摸霜霜的头和背。果然，霜霜不再继续哭闹。打针很顺利，霜霜笑着对妈妈说："霜霜勇敢，打针一点儿也不疼。"

有些父母推崇含蓄内敛的爱，很少通过拥抱等向家人表达爱意，尤其是父亲对男孩，很少像霜霜妈妈这样通过爱抚来缓解孩子紧张的情绪。而父母的爱抚能够实实在在地缓解孩子紧张的情绪，增加孩子的自信。因此，父母们，请不要吝啬自己的爱抚！当孩子难过时，给孩子一个深情的拥抱。当孩子遇到困难和挫折时，紧紧握住他的手，注视着他的眼睛，对他说："加油，我们永远爱你，支持你！"父母的爱抚、鼓励与支持，能够让孩子感受到爱，能够减轻孩子的心理压力，并能营造良好的亲子关系，这样一来，孩子也更容易接受大人的建议。爱抚会让孩子感受到自己是安全的，从而在面对困难和挑战时，有更多的信心和勇气。

父母该如何运用爱抚效应？

首先，父母要多对孩子笑。这样做，不但可以向孩子传递愉悦的情绪，还能让孩子有被认可和被肯定的感觉，变得更自信。心理学中有一个著名的视崖实验——妈妈与宝宝被分隔在玻璃"悬崖"两边，当妈妈笑着鼓励宝宝，宝宝就能够克服内心的恐惧，爬过"悬崖"，爬向妈妈的怀抱。可见，父母的微笑对于孩子来说，力量是非常大的，能够给予孩子非常大的安全感。因此，父母要多对孩子微笑，让孩子感受到父母的爱意，让孩子面对各种挑战时拥有极大的勇气。

其次，要多对孩子使用一些充满爱意的肢体语言。对孩子来说，父母的拥抱、亲吻、抚摸非常重要，是他在长大成人之后善于表达爱、接受爱的良好基础。运用肢体语言表达爱并不是一件很难的事情，重点在于父母愿意让自己的心柔软下来，蹲下来注视孩子的眼睛，倾听孩子的心声。父母应该表达自己对孩子的关心与爱，应该回应孩子的情绪，比如当孩子难过时，给孩子一个深深的拥抱。

期待每一位父母都能够掌握正确的方法，亲切地向孩子表达爱意，与孩子共同营造人生中美好的回忆。

多用称赞效应，
让孩子更自信

称赞效应是指通过称赞他人来肯定其价值，这种行为能够激发被称赞者的积极反应，从而满足称赞者的期待。因为人在被称赞后，会感觉心情愉悦，并将此作为动力进一步完善自己，进而一步步地变优秀。孩子在被父母称赞之后，会产生积极的心理暗示。称赞作为一种正面的强化手段，可以促使孩子更加努力，让孩子变得更加优秀，并不断产生一种积极向上的力量。

根据马斯洛需求层次理论，每个人都有被尊重和被认同的需求，孩子也不例外。而父母的称赞就是对孩子的肯定，充分满足孩子被肯定和被认同的需求，孩子在生活中就会变得更加自信。

称赞孩子很简单，但是并不是所有称赞都能发挥积极的作用。父母如何做才能更好地发挥称赞效应呢？

首先，父母应该称赞孩子的努力而不是其天赋。如果父母每天称赞自己的孩子多么有天赋，孩子就会觉得自己不需要努力也可以获得很好的成绩。而当天赋不能解决遇到的困难时，孩子就会产生巨大的挫败感，甚至一蹶不振。心理学家卡罗尔·德韦克曾通过实验证明：过多地称赞孩子的天赋，而不是称赞孩子后天的努力，反而会把孩子引入错误的深渊。因此，父母在称赞孩子时，要多称赞孩子所付出的努力。

其次，称赞孩子要及时。父母在平时对于孩子取得的阶段性的进步，要给予及时的称赞。孩子在第一时间感受到父母的正向反馈后，不仅可以获得愉悦的情绪体验，还能生发出继续探索和学习的欲望。

最后，父母对孩子的称赞要真诚、具体，不能敷衍。父母不要每次都用"真好""真棒"这样宽泛而没有核心内容的话去表扬孩子，因为这样的表扬并不能发挥称赞效应的作用。父母在称赞孩子时，应该针对具体的事件，有针对性地、真诚地赞扬孩子的做法或努力，这样才能真正发挥称赞效应的作用。

了解亨利效应，
让孩子树立自信

亨利是一位美国青年，他从小在孤儿院长大，身材矮小，长相不佳，说话有浓重的口音。他一直很自卑，连最普通的工作都不敢去应聘。一天，他的好朋友拿了一本杂志给他看，杂志上说拿破仑有一个私生子流落在美国，而这个私生子有一个儿子，这个儿子的特征和亨利的特征完全符合。亨利将杂志看了很多遍，开始相信自己是拿破仑的孙子。亨利不再自卑，开始自信起来，以积极的信念面对生活。三年后，他成功地开了一家大公司。后来经过查证，亨利并不是拿破仑的孙子，但是，这个消息对亨利来说已经不重要了，因为这个美丽的"谎言"已经改变了亨利的命运。

亨利效应又叫自我激励效应。心理学把这种因接受虚假信息或刺激而产生的盲目自信和积极的态度，并由此而产生的超乎寻常的正面效果，称为亨利效应。当然，亨利效应不但能放大一个人积极的一面，也能放大消极的一面。比如，如果自卑者总是盯着自己的缺点，缺点就会在意识中被不断强化。

心理学研究表明：每个人都会被暗示，儿童比成人更容易接受暗示。亨利效应也被广泛应用于教育领域，比如老师用含蓄、抽象引导的方法去影响学生的心理和行为，引导学生按照老师的要求去行动或接受意见，使其思想、行为与老师期望的目标相符合，这也是亨利效应的神奇之处。

亨利效应之所以起作用，是因为人通过自我认识而产生强大的自信。通过库利的"镜中我"理论（这是社会学家查尔斯·霍顿·库利在他的《人类本性与社会秩序》一书中提出的理论，指的是人的行为在很大程度上取决于其对自我的认识，而这种认识主要是通过与他人的社会互动形成的，他人对自己的评价、态度等，是反映自我的一面"镜子"，个人通过这面"镜子"认识和把握自己）可以知道，人主要是通过别人的评价来认识自己的，而对于孩子来说，父母的评价至关重要。

父母都希望自己的孩子很自信，那么，该如何利用亨利效应让孩子变得自信呢？

父母要对孩子百分百信任。父母如果坚信孩子将来能成为一个出色的人，孩子就能在潜移默化中相信自己将来会成为一个优秀的人。正如电影《阿甘正传》展现的那样，阿甘是一个智力残疾的孩子，但是阿甘的母亲并没有觉得自己的儿子差劲，而是百分百地信任自己的孩子，相信阿甘将来一定会成功。阿甘最后真的成功了，他不仅成了一名优秀的美式橄榄球运动员，还成了军人、长跑者、企业家。

所以，父母不要总觉得自己的孩子不如别的孩子聪明，不如别的孩子优秀，而应该百分百地相信孩子会变得更好，会向更好的方向发展。这样，孩子大概率会如父母所期待的那样成长。

认识优势效应，
让孩子学会扬长避短

优势效应是指人在决策和行动中会更倾向于利用和发挥自己的优势资源来应对挑战，并同时避开自己的弱势领域，不去过度关注或总是尝试弥补自身的不足。优势效应的心理学依据是自我效能感理论——当个体评估自己在某一方面具有优势，他就会拥有更多的自我效能感，相比于补齐短板，更好地发挥优势更容易获得成功。

每个人都有擅长与不擅长的领域，比如著名文学家钱锺书当年报考清华大学时，数学考了零分，但因为其文学造诣深厚，被清华大学破格录取。每个孩子都有自己的天赋，但很多父母却期望将自己的孩子培养成各方面都拔尖的全能型人才。

父母养育孩子时，要清楚地了解孩子的优势和劣势，并要知道：把孩子的劣势变成优势所花费的精力，要比发挥孩子的优势，使优势变成强项的成本要高很多。

很多父母在育儿时推崇木桶定律，给孩子报不少培训班，想方设法补齐孩子的短板，但是孩子却可能在疲于奔命的培训中消磨了对学习的兴趣。最后，父母没少为孩子花费时间和金钱，孩子却没有获得期待中的结果。

优势效应告诉我们：与其在各方面均匀用力，不如精准发力，让孩子充分发挥自己的长板可能会收获更好的效果。

兴趣是最好的老师，每个孩子都有天赋或者短板，也有自己的成长周期，父母不必过于焦虑，要耐心观察孩子，认真倾听孩子的想法；要尊重孩子的喜好，相信孩子的自主判断力，不要事事都替孩子做决定。父母要清楚孩子的长板，并帮助孩子把优势培养成强项，从而使孩子变得更加自信，进而收获成功。

杜根定律：
信心决定成败

"强者不一定是胜利者，但胜利迟早都属于有信心的人。"这句话是美国橄榄球联合会前主席杜根提出来的，因此，信心决定成败被称为杜根定律。

杜根定律的核心是信心对成败起到决定性的作用，一个人能否成功，小部分因素取决于天赋，而大部分因素取决于信心和做事的态度。也就是说：一个人成功与否，更大程度上取决于这个人是否有充分的信心。一个人即便非常有才华，但如果他很自卑的话，也会将聪明才智扼杀，从而阻碍自己成功。而一个自信的人可以排除万难取得成功。当然，只拥有自信而没有切实的努力和实际行动，一切想法只会沦为空想——成功需要自信，努力更是不可或缺。

父母该如何运用杜根定律帮助孩子拥有自信？

首先，父母应该信任孩子，并敢于放手让孩子大胆去尝试做一些事情。父母不要总是觉得孩子还小，什么都帮孩子包办，这样做，难以培养孩子的自信心。心理学中有个花盆效应，是指温室里被精心呵护的花朵，是经不起风雨的。所以父母要敢于放手，这也是对孩子能力的一种肯定。

其次，父母要教会孩子如何正确看待自己的劣势。所谓劣势，其实是相对于社会运行规则而言的，比如社会想要高效率运转，那么拖延就被认为是一种劣势。不自信的孩子总是盯着自己的劣势，父母就要教会孩子正视自己的劣势，多发现自己身上的优势和闪光点。让孩子学会正确面对自己的劣势和优势，孩子才能真正有自信。

最后，父母要多给孩子创造体验成功的机会。盲目自信并不能带来成功。一个人之所以成功，必然是能力与自信心共同成就的。父母可以在日常生活中给孩子布置一些与孩子的能力相匹配的任务，让孩子得以体会成功的愉悦，激发孩子的信心。成功、愉悦是自信的来源之一。父母要多给孩子制造表现机会，让孩子多看到自己的进步，多体验成功的愉悦，这样，孩子就会越来越自信。

懂得宽容定律，
让孩子敢于试错

宽容定律指的是我们在宽容别人的同时，也为自己营造了和谐的氛围，为心灵留出舒缓的空间，不让自己因为在不良情绪的漩涡中打转而错过人生很多美丽的风景。原谅他人也是宽容我们自己。

海格力斯是古希腊神话中的大力神，他力大无穷。一天，他走在一条崎岖不平的路上，不小心踩到什么东西硌了脚。海格力斯低头看到一个像鼓起的袋子一样的东西，便一脚踢开。谁知那东西被海格力斯用脚一踢，反而膨胀起来，胀大到原来的数十倍，挡住了海格力斯的路。海格力斯被激怒了，于是，他拿起一根木棍使出全身的力气打那个怪东西，没想到那个怪东西居然膨胀到把路堵死了。就在海格力斯进退两难时，一位圣者出现了，他告诉海格力斯：这个怪东西叫"仇恨袋"，人们越是惹它，它越膨胀；相反，人们若不再理它，它就会小如当初。

在家庭教育中，故事中的这种情形很常见。孩子在儿童期，如果做事不符合父母的期待，父母的责备和训斥或许还起作用；但孩子进入青春期后，一旦发生亲子冲突，父母越是严格管教，越会引起孩子的逆反心理，亲子冲突也会越发剧烈。

孩子在成长过程中难免会犯错，如果父母总是以严厉的态度批评、责罚孩子，会让孩子觉得恐惧，压力很大。于是，孩子会因为害怕犯错被惩罚而不敢放手做事，这很不利于孩子自信心的养成。

宽容的家庭氛围会让孩子用更加积极的心态看待错误，不会因为某一次的失败而畏首畏尾。积极的心态有助于孩子在面对困难和挫折时保持乐观，从而逐渐生发出更多的自信。

父母如何利用宽容定律培养孩子的自信心？

首先，正确看待孩子的错误。当孩子犯错时，父母要保持冷静，避免过于情绪化的反应。严厉的批评和指责并不是有效解决问题的沟通方式。父母可以和孩子一起分析犯错的原因，引导孩子主动承担责任、解决问题，并安抚、鼓励孩子。这样，孩子下次做同类事情时会更有经验且更有自信。

其次，给予孩子表达的机会。父母应该鼓励孩子大胆表达自己的观点和感受，即使孩子的观点与父母的不同，父母也不要急着否定，而应该耐心倾听，平等地与孩子交流，让孩子感受到被父母尊重和理解，这样，孩子就会更有自信。

最后，鼓励孩子尝试新事物。父母要多鼓励孩子尝试和探索新事物，当孩子尝试新事物的过程中遇到挫折和困难时，不打击孩子的积极性，而是帮助孩子解决问题，让孩子逐渐获得更多的自信。

情感效应：好父母让孩子感受到爱的力量

情感效应指的是情感在养育、教育孩子过程中的效应，情感对于父母养育、教育孩子的过程和效果的影响，也可以说是"爱"在孩子健全的人格教育中发挥的作用。

情感丰富了人的生命，是人类精神世界中最丰富、最活跃的成分。父母对孩子的爱是刻在基因里的。生物学家发现，婴儿诞生后，不仅是母亲，父亲体内的催产素也会增多。在这种激素的作用下，孩子诞生的那一刻，父母就会控制不住地去爱孩子。父母的爱是无私的。父母的爱也会在孩子成年后成为他们克服困难的力量。

父母不辞辛劳地为孩子付出，就算自己很辛苦，也想把最好的给孩子。但中国从古至今都讲究含蓄，很多父母并不会表达自己对孩子的爱意。一些父母甚至用错误的方式表达爱，或者不断强调自己为孩子所做的牺牲，来给孩子施加压力，企图控制孩子。这种爱对孩子来说是窒息的。父母这样的行为，并没有让孩子感受到爱，反而让孩子被这种"爱"深深伤害。

现实生活中，有些父母在对孩子表达爱时，往往用错了语言——明明是关心孩子，但说出来的话却总是听起来尖酸刻薄。比如，担心孩子因为穿得少而着凉时，父母嘴里说出来的话却是："冻死你活该！我说的话你就是不听！"孩子不仅不能从父母这样的语言中感受到爱，甚至会被深深地伤害。所以，父母要学会用正确的方式向孩子表达情感，表达爱。

父母不要总是强调自己对孩子的付出和牺牲，这样说只会让孩子觉得沉重和有压力，不仅无法从父母处获得积极的感受，还可能不由自主地认为父母嫌弃他、不爱他。从小在缺乏正确的爱的表达的环境中长大的孩子，常常不知如何表达爱，以至于他们与父母的关系也往往很生硬。

心理学家杰弗里·伯恩斯坦说："只有爱是不够的，不表达出来，孩子感受不到你的爱。"父母要常常向孩子表达爱，多用积极的语言表达爱，多对孩子说"我爱你""我们永远支持你"等话语，用最简单、最直接的语言让孩子感受到父母的爱，用拥抱、摸头等肢体动作向孩子传递父母深沉的爱。

涟漪效应：让孩子通过微小的成功收获更多成功和自信

涟漪效应是由美国教育心理学家杰考白·库宁提出的，也被称为模仿效应。当湖面被投入一颗小石子时，湖面就会泛起一圈圈由中心向外荡开的水波纹。涟漪效应被用来描述个人受到他人行为影响时所产生的自觉或不自觉的模仿行为。

美国著名人际关系专家戴尔·卡耐基小时候非常自卑、胆小。他上中学时，老师让同学们在课堂上进行随机的演讲。卡耐基因为太过紧张而表现不佳。他的语文老师戴维斯不仅没有批评他，反而鼓励他："你很有演讲天赋，只是缺乏锻炼，你下次会做得更好的。"老师的鼓励给了卡耐基自信，他开始努力锻炼自己的演讲能力。最终，卡耐基成为闻名世界的演讲家。

老师对卡耐基的鼓励就像投入湖中的小石子，最终推动了卡耐基的人生发生改变。教育并不只对当下起作用，不是只对一个点起作用，而是像一圈圈向外荡漾的涟漪，不断地起着影响作用。比如，父母和老师不经意的表扬和鼓励，都有可能像是在湖中投下的石子，对孩子接下来的行为和人生产生积极影响，使孩子变得更加自信和积极向上。孩子在某次小测验中取得好成绩，也可能像投入湖里的那颗石子一样，在孩子的学习方面引发涟漪效应。父母如果对孩子每一个小小的成功都进行鼓励，让孩子知道努力的价值，孩子就会更加努力地学习，最终取得更多、更大的成功。这种积极、正向的反馈会使孩子的学习动力和自信心不断增强，对孩子的未来产生深远的影响。

父母可以从以下几个方面利用涟漪效应，帮助孩子成长。

为孩子树立积极的榜样。父母的言行举止也像是投入湖中的石子，会对孩子的成长不断产生作用。孩子会在潜移默化中学习父母对待生活中的困难的态度和解决困难的方式。如果父母热爱生活，面对困难不抱怨、不退缩，积极寻找解决办法，那么，孩子在今后的生活中如果遇到困难，也会自信而勇敢地面对。

在孩子取得小进步时，父母要给予真诚的赞美和鼓励。这种做法，也如同投入湖中的石子，会使水面荡起涟漪，会让孩子感受到成功的喜悦，感受到自身的价值，变得更加自信。而且父母赞美和鼓励孩子，也会让孩子学会欣赏他人，当看到别人的优点或取得的成绩时，也会给予赞美和鼓励。

培养良好的生活习惯。父母可以引导孩子养成良好的生活习惯，比如规律作息、热爱运动等。孩子养成这些习惯，不但自己可以受益终生,而且这些习惯还能像涟漪一样对孩子的人生产生积极影响。比如,孩子养成热爱运动的习惯,不但锻炼了身体,增强了身体素质,还可以通过运动结识更多朋友。孩子的社交能力会不断增强,也会变得越来越自信。

了解鱼缸效应，
给孩子足够的成长空间

鱼缸效应的核心是：孩子需要足够的空间来探索、学习和成长。如果将孩子限制在一个狭小的"鱼缸"——狭小的空间和环境中，他们的潜力和能力可能会受到限制。相反，父母如果能为孩子提供一个充满挑战和机遇的"大水池"，孩子的成长将会更加快速和全面。

小江的爸爸在鱼缸里养了十几条锦鲤，这些鱼在鱼缸里生活了好几年，但几乎没长大多少。一天，小江在客厅玩耍时不小心打破了鱼缸。小江爸爸就将这些锦鲤捡起来放养在小区花园的水池里。几周后，小江和爸爸在水池边玩耍时惊奇地发现，当初好几年都没怎么长的锦鲤，进入一个更开阔的环境后，居然在很短的一段时间内就"突飞猛进"地长大了很多。

这个例子说明了自由成长空间的重要性。之后，心理学家把因为给了孩子更大的空间而使孩子更快地成长的现象称为鱼缸效应。鱼缸效应告诉我们，要想让孩子更好地成长，就一定要给孩子更大的成长空间，不要让孩子拘泥于狭小的"鱼缸"中。

每个孩子都是独一无二的个体，有自己的想法和行为，只要孩子的行为没有偏离轨道，父母就不要过多地干涉孩子，更不要把自己的想法强加给孩子，要学会尊重孩子。著名教育家陶行知说过："要解放孩子的头脑、双手、双脚、空间、时间，使他们充分得到自由的生活，从自由的生活中得到真正的教育。"父母要敢于放手，给孩子更大的、足够的成长空间。

父母在了解了鱼缸效应之后，应该做到以下几点，会更有利于孩子成长。

首先，要给孩子适当的空间，比如可以自由支配的时间，自由掌控的零花钱，独自出行……让孩子有机会自己去尝试和做决定。在这个过程中，孩子会逐渐学会独立思考，探索如何达成自己的目标。每一次成功的独立行动，都会增强孩子的自信心，让孩子相信自己有能力应对生活中的各种挑战。

其次，减少对孩子的约束，给孩子更大的心理空间，让孩子可以自由地发挥想象力和创造力。有些父母总是给孩子制定各种各样的规矩，比如画画不要弄脏桌面，出去玩不要弄脏衣服……束缚过多，让孩子什么也不敢尝试。父母一定要适当减少束缚孩子的条条框框，让他们在一定的空间中自由地探索。孩子在探索和创造的过程中会收获满足感和成就感，自信心就会自然而然地增强。

最后，适当放手，培养孩子的责任感。父母赋予孩子一定的空间，也意味着给予了孩子相应的责任。比如，让孩子自己打扫自己房间的卫生。让孩子在享受独属于自己的空间的同时，养成良好的责任感，在承担责任的过程中，孩子也会变得更加成熟、自信。

第三章

教孩子做情绪的主人,父母应该懂的心理学

了解淬火效应，
学会"热问题冷处理"

淬火原本是一种金属或玻璃制作工艺，是指将金属或玻璃加热到一定温度后将其放入冷却剂里，对金属或玻璃进行冷却处理，以提高其硬度。淬火效应在心理学与教育学中衍生出的含义是指对于一些由于经常受表扬而有些飘飘然的孩子，老师和父母要适当地给他们设置一些障碍，磨砺他们的心性，让他们变得更加成熟，拥有更强的心理承受能力。此外，淬火效应的另一层含义是指对于某些麻烦事或矛盾，不要急着去解决，可以等情绪冷静下来后再去处理，这样会更加稳妥。

小麦是个8岁的小女孩，平时非常调皮，写作业时总是不认真，经常边玩边写作业，妈妈说她她也不听。妈妈检查小麦的作业时发现很多错误，于是非常生气地批评了小麦。小麦跟妈妈顶嘴，妈妈一下子火了，一巴掌打在小麦的耳朵上，打得有些重，小麦又哭又喊。

小麦被送去医院检查后发现耳膜破了,即便及时就医,听力也没完全恢复。

孩子能给父母带来许多快乐,但有时一些过分的举动也能让父母血压飙升而失去理智。在家庭教育中,很多父母也想让自己保持情绪稳定,但是有时情绪上来就控制不住,虽然不至于打孩子,但是有时也会说出很多难听的话。所以,父母在养育孩子时也要学会运用淬火效应,在孩子犯错时,不要急于责骂孩子,而是等自己和孩子的情绪都稳定后,再和孩子聊一聊,告诉孩子错在哪里。

在家庭教育中,父母还可以让孩子学会运用淬火效应。比如,当孩子因为遇到困难而情绪激动时,父母不要急于出手相助,而是要让孩子先冷静下来,然后去想办法解决问题。父母要引导孩子正确认识和把控情绪,这样孩子将来才有可能成为一个情绪稳定的人。

愤怒重构，帮助孩子跳出负面情绪

喜怒哀乐是人主要的情绪，而愤怒是非常强烈的负面情绪。很多人常常因为被愤怒冲昏头脑，而做出许多令自己后悔的事情。父母教育孩子的过程中要教孩子学会掌控自己的情绪，做情绪的主人，要教会孩子正确认识愤怒情绪，以正确的方式处理愤怒情绪——学会愤怒重构。所谓愤怒重构，是盖伊·温奇在《情绪急救》一书中提出的一种有效的情绪管理策略，旨在将消极的愤怒情绪转化为更加积极、有建设性的情绪。愤怒重构不是压抑愤怒，而是通过重新审视引发愤怒的事情，改变对事情的思考方式，从而降低愤怒情绪，减少冲突。

无论父母还是孩子，产生愤怒情绪很正常，我们自己要做的以及要教会孩子的是：不要压制或否定愤怒情绪，要接纳愤怒的存在，去感受情绪，但不要被情绪控制。

愤怒重构需要实施以下五个步骤。

第一，自我觉察与情绪预警。情绪与身体的生理变化紧密相关。

当我们感到愤怒时，身体也会产生相应的变化，比如心跳加快、呼吸急促、思维混乱等。当身体出现上述变化时，我们就要意识到自己处于愤怒的情绪当中。

第二，暂停当下的行为和思想。一旦意识到自己已经陷入愤怒情绪中，为了避免因为情绪冲动而做出一些过激反应，要先停止自己的行动和思想，试着深呼吸，让自己冷静、放松下来，以缓解愤怒情绪。

第三，分析愤怒的原因。在冷静下来之后，仔细回顾导致我们愤怒的事件，从旁观者的角度审视事件的经过，避免加入主观的评价和情绪。比如，将整个事件写下来，思考自己为什么会愤怒，是对方侵犯了我们的价值观，还是这件事不符合我们的期待。

第四，重新审视事件。尝试从不同的角度重新审视引发我们愤怒情绪的事件，比如寻找事件积极的一面，思考这件事可能会带来的好处。

第五，积极寻找解决方案。冷静下来后，要尝试从情绪中跳出来，去寻找解决问题的方法。可以尝试与对方进行沟通，表达我们的合理诉求。

在日常生活中，父母遇到孩子暴躁易怒，情绪不稳定的情况时，可以尝试以下方式来处理。

第一，父母要保持冷静，控制好自己的情绪。如果父母也用愤怒情绪回应孩子的愤怒情绪，只会让情况进一步恶化。父母要深呼吸，让自己冷静下来，尽量用平和的语气与孩子对话，音量不要过高，不要用指责性的语言对孩子讲话。

第二，确保孩子和周围人的安全，把危险物品移开，避免孩子在愤怒中伤害自己或他人。如果孩子的情绪非常激动，需要将孩子暂时与他人隔离开，让他在一个安全的空间冷静下来。

第三，父母要尝试理解孩子愤怒情绪产生的原因，尝试与孩子进行沟通，比如可以问孩子："你为什么这么生气？"耐心地倾听孩子的诉说，即使孩子的观点比较片面、不合理，也要让孩子先把情绪发泄出来。

第四，引导孩子正确表达情绪。父母要告诉孩子砸东西和骂人不是表达愤怒的正确方式，会伤害到自己和他人。可以教孩子一些正确表达情绪的方法。

第五，事后教育。在孩子完全冷静下来后，要和孩子一起回顾事情的经过，一起分析愤怒情绪产生的原因，告诉孩子过激行为可能带来的后果，让孩子意识到正确管理自己情绪的重要性。

"评定-兴奋"理论，帮孩子认识情绪

"评定-兴奋"理论是阿诺德在20世纪50年代提出来的，这一理论强调情绪的来源是大脑皮层对刺激情境的评估，认为刺激情境并不直接决定情绪的性质，从刺激情境出现到情绪产生，要经过大脑皮层对刺激情境的评估这一环节。面对同一个刺激情境，对它的评估不同，产生的情绪反应就不同。

面对老师的提问，有的孩子表现得很兴奋，而有的孩子则表现得很紧张。孩子们面对的是同一个刺激情境，但是他们对这个情境的评估是不一样的。比如，知道问题的答案并渴望表现自己的孩子，面对老师的提问，他会将其评估为有利的情境，所以会产生开心的情绪；而不爱表现自己或者不知道答案的孩子，面对老师的提问，会因为害怕出丑而把这个情境评估为有害的，于是产生紧张的情绪。阿诺德的"评定-兴奋"理论描述的过程就是：刺激—评估—情绪。

小刚和小强在一次语文检测中取得了相同的成绩。小刚很沮丧，因为自己这次成绩远低于上次的，他没法儿向父母报告好消息；而且，他同桌的分数很高，这让小刚的心情更加烦闷。小强则很开心，因为他通过这次检测，看到自己的能力相较于以前有了一定的提高，同时也认识到了自己的不足之处，他决定更加努力地学习，改善不足，争取下一次检测时获得更好的成绩。

阿诺德认为外界刺激作用于感受器，产生的神经冲动传至丘脑，再传至大脑皮层，大脑皮层对刺激情境进行评估，形成态度，这种态度通过外导神经将皮层的冲动传到丘脑的交感神经，进而引起血管和内脏的反应，从而产生情绪。简而言之，就是外界刺激在大脑皮层受到评估，使认识经验转化为被感受到的情绪。

案例中的小刚和小强虽然取得了同样的成绩，但是情绪反应却不同，可以看出两人的目标存在差异。小刚持有表现目标观，他希望通过检测证明或表现自己的能力，他会想到以前的好成绩，想到父母有可能对他进行消极的评价，而且也会因为同桌的成绩超过他而感到沮丧。而小强持有能力增长观，他希望通过学习和检测来提高自己的能力，因此小强并不沮丧，他知道接下来自己的学习重点，决定更加努力。小刚是在和自己以前的成绩比，和同桌比，因此产生消极情绪；而小强则能以乐观的心态看待成绩，他认为自己在学习过程中收获了很多，因而产生的是积极情绪。

现实生活中，很多孩子都像小刚一样，对成绩持有一种表现目标观，有过像小刚这样的经历或情绪体验，有时即便成绩还不错，也会产生沮丧的情绪，并不开心。作为父母，我们应该引导孩子做出改变。我们要从改变自身做起，从关注结果变为关注孩子在学习过程中的收获，这样，孩子就会拥有更加稳定、乐观的学习心态。

利用理性情绪理论，
学会跳出情绪

理性情绪理论是美国心理学家阿尔伯特·埃利斯在20世纪60年代创立的，他认为人的情绪和行为中出现的问题并不是直接由外部事件引起的，而是人们对于事件的态度和评价等认知导致的，因此，改变情绪困扰更应该改变自己的认知。他认为，外部事件为A，人们对事件的态度和评价为B，情绪和行为反应为C，人的消极情绪不是由事件A直接引发的，而是由人们对事件的态度和评价B引起的。人们可以做到以合理的态度代替不合理的态度，以合理的评价代替不合理的评价，从而最大限度地减少不合理的态度和评价给自己带来的消极影响。

通过理性情绪理论，我们可以知道孩子产生不良情绪的根源不在于事件本身，而是在于一些不具有适应性的习惯性思维模式。比如，遇到问题就往最坏处去想，经历一次失败就全盘否定自己，或者期望事情必须严格按照自己的期待发展，只要有发生坏事的概率就认为坏事肯定会发生，等等。

比如，某次考试失利，孩子如果认为"完蛋了，我考成这样，以后肯定没出息"，就会对这次不理想的成绩进行灾难化的想象和解读，进而产生焦虑情绪。同样是成绩不理想，孩子如果在学习时抱着"获得性学习"的心态，觉得"一次考试成绩差没什么大不了，而且我在这次考试中也发现了一些以前没有学透的知识点"，就不容易产生焦虑情绪。

父母如何利用理性情绪理论帮助孩子摆脱不良情绪？

父母需要和孩子进行交流，找出孩子产生不良情绪的诱发事件，对孩子抱有的不合理反应进行分析。比如，马上就要开学了，孩子表现得很焦虑，饭也吃不下去。父母通过观察了解到孩子存在不良情绪，通过和孩子沟通了解到孩子不良情绪的诱发事件是开学，而孩子的反应是焦虑。父母经过分析，可以和孩子沟通，通过调整孩子的作息方式等，帮助孩子完成开学前的过渡，避免孩子被焦虑情绪所困扰。

父母也可以让孩子把自己所焦虑的事情写下来，写出自己对这件事的看法，以及如果换成积极的思维方式去看待这件事的话，这件事会怎样。经过反复练习，孩子积极的思维方式就会成为潜意识，假以时日，孩子就不会再陷入负面的思维模式了。

认识钟摆效应，
负面情绪不是坏情绪

钟摆效应描述的是人的情绪的高低摆荡，指的是人的情绪达到一定高度时，会形成心理斜坡，往反方向转变，如同钟摆高高荡起后向下荡去一样。某种情绪的强度越大，向相反的方向转变的程度就越大。

小慧今年四年级，她学习一直很努力，成绩也一直很不错，对于考试，小慧一直非常自信。但是，刚结束的测验，她的成绩大幅度下滑，小慧感受到巨大的挫败感，陷入焦虑和恐慌中。在父母和老师的鼓励下，小慧重新调整了自己的学习状态，认真制订了学习计划，渐渐从恐慌和焦虑中摆脱出来。

案例中，小慧的情绪从非常自信变为恐慌焦虑，情绪从一个极端走向另一个极端。

人们都喜欢快乐，不喜欢痛苦。但是，如果我们对于某种情绪的感受和反应变弱，那么对与其相反的情绪的感受和反应也会变弱。我们如果刻意躲避悲伤、痛苦等负面情绪，那么我们感受快乐、幸福等正面情绪的能力也会相应地变弱。

情绪是多样的，悲伤、痛苦等负面情绪也许会让人难以接受，但这些情绪体验也让我们不断地认识自我、认识世界。无论正面情绪还是负面情绪，都是正常存在的情绪，父母不必灾难化任何一种情绪，而是应该让孩子坦然、理性地看待情绪，对情绪保持"觉知力"。

很多父母都想让孩子做一个情绪稳定的人，于是经常对孩子的负面情绪进行压制，而不去帮助孩子排解负面情绪。根据钟摆效应，如果孩子感受不到悲伤等负面情绪时，孩子的快乐等正面情绪也会被压抑。这并不代表孩子成了一个情绪稳定的人，而是孩子可能处于一种心理的自我保护机制——"情感隔离"的状态中。

在心理学中，情感隔离是指个体在经历某种不愉快的情境时，无意识地让自己处于一种没有情感体验的状态，以此来避免因不愉快而产生焦虑和不安。但是，被隔离的情感或体验并不会突然消失不见，只是被压抑在潜意识中，隐性地存在着。比如，有些人身处巨大的悲伤中时，不会哭泣或嘶喊，而是十分冷静，这是因为身体的自我保护机制把情感和认知隔离开了。但如果这样的情况发生得多了，情感会变得麻木，对于情感的感受力就会减弱。

钟摆效应启示我们，父母要认识情绪的多样性，要引导孩子认识并接纳负面情绪，发泄负面情绪，而不是让孩子自己去消化情绪，或者是让孩子压抑情绪而不释放。孩子的情绪大起大落时,父母应该真诚地引导,而不是嘲讽或打压孩子。孩子悲伤或痛苦时,父母可以多拥抱孩子;孩子开心时,父母可以和孩子一起放声大笑,让孩子能够获得充分的情绪体验。

知晓认知失调理论，
别让负面情绪成为孩子的绊脚石

　　心理学家利昂·费斯汀格在1957年提出了认知失调理论。该理论认为人们如果要使自己内心获得平静与和谐，需要使认知和行为一致；如果不一致就称为认知失调。认知失调必然导致人们在心理上产生不协调，从而推动人们去重新建构自己的认知，或去消除导致不协调的因素。

　　萱萱今年8岁，是个非常有个性的小女孩。萱萱的爸爸妈妈是非常开明的父母。一天，当萱萱说要剪一个像男孩子一样的短发时，萱萱的爸爸妈妈虽然有点儿犹豫，但还是尊重了萱萱的想法，带着萱萱去把头发剪得短短的。每次萱萱放学，妈妈接她回家时，坐在楼下的老奶奶总是一副非常关心的样子对萱萱妈妈说："女孩子留长头发好看，再扎两条辫子才更有女孩样。"在学校里，很多小朋友也对萱萱的男孩子一样的短发指指点点。萱萱妈妈怕萱萱有心理压力，便和萱萱沟通。萱萱说她不在乎别人的感受，但是作为妥协，她会在短发上别一个小发卡。

楼下的奶奶之所以对萱萱的发型给出建议，并不全是因为关心，而是因为她产生了认知失调。因为萱萱的短发和她头脑中的观点不一致，所以为了消除这个不协调因素，为了改变这个引起不协调的事件，她给萱萱提建议，让萱萱留长头发。

日常生活中常见的消除认知失调的方式有三种：否定行为、异化行为（将其归为另类）以及修正自己的认知。大部分人采取的方式是否定或异化别人的行为，而不是修止自己的认知。在日常生活中，孩子如果感受到别人对自己的否定和异化，就有可能情绪低落甚至开始怀疑自己，此时父母应该给予孩子一些建议和引导。

第一，父母应该告诉孩子：别人对他所做的一些消极评价，背后的主要驱动力并不全是为他好，而是为了消除这些人因为认知失调而产生的心理不协调。父母要告诉孩子：当别人表达的观点侵犯到他时，不要轻易因为别人的评价和批判就怀疑自己，而要理智地应对或分析。

第二，父母要告诉孩子：当他的意见与别人的意见不一致时，不要试图去改变对方。冲突只能造成矛盾。每个人往往会坚持自己的观念，不要费劲去改变他人的观念。

运用系统脱敏法，
帮孩子轻松控制情绪

系统脱敏法又称交互抑制法，是由学者约瑟夫·沃尔普创立的。这种方法主要是引导当事人缓慢地暴露出导致情绪焦虑或恐惧的情境，并通过心理的放松状态来对抗焦虑或恐惧的情绪，从而达到消除这些情绪的目的。

小凯唱歌非常好听，他的梦想是做一名歌手。这天，老师告诉小凯的妈妈："小凯今天上台演唱，结果因为太紧张吐了。"

吃过晚饭后，妈妈找小凯聊天，小凯难过地说："我可能不是做歌手的料。"妈妈便鼓励小凯以后要经常在外人面前练习演唱，想象自己是在全班同学、全校同学面前演唱。经过几个月的练习，小凯成功克服了自己的心理障碍，在六一儿童节那天，在全校同学面前自信满满地唱了自己拿手的歌。

小凯的故事就是成功运用系统脱敏法的典型案例——通过让自己不断地直面恐惧,逐渐对恐惧进行心理脱敏,从而战胜恐惧。

父母在养育孩子时,应该如何运用系统脱敏法呢?

父母如果发现孩子有焦虑或恐惧情绪,要和孩子深入沟通,找出令孩子焦虑或恐惧的事情。然后,让孩子处于感觉舒适且有安全感的环境中,完全放松,进行相关脱敏训练——让孩子想象那些令他焦虑或恐惧的事情,不断重复,直到孩子不再有强烈的情绪。孩子在有安全感的环境中完全脱敏后,需要在现实中也采取循序渐进的方式进行脱敏训练,从而逐渐克服焦虑或恐惧情绪。

如果孩子没有办法学会自我放松,也不能对令他焦虑或恐惧的事情进行想象,那么可以实践系统脱敏法,就是让孩子暴露在使他焦虑或恐惧的情境中,并且给予孩子良性的刺激,比如父母对孩子进行鼓励。当孩子完成脱敏训练后,父母可以给孩子一个小奖励,让孩子对之前所焦虑或恐惧的事情重新建立一个正向的情绪联结。

要注意:父母使用系统脱敏法时,一定要根据孩子的实际情况进行调整,如果孩子特别排斥,就一定要及时停止。

了解空船效应，
帮孩子摆脱坏情绪

空船效应指的是人们对事件的反应和情绪受到对事件的认知和心态的影响，而不是事件本身，本质上是心态问题和看待问题的角度。空船效应来源于中国古代的一则寓言故事。

一个书生在乘船时，看到前面一条船要撞过来了。这个书生朝那条船喊了好几声，但是没人回应。书生气得破口大骂，心里想的是一定要好好骂一顿开船的人。等那条船靠近后，书生才看清，撞上来的竟是一只空船，于是书生的怒气一下子消散了。

故事里的书生是否产生愤怒，并不取决于那条船撞没撞上来，而取决于撞来的船上有没有人。这个故事出自《庄子·山木》。在庄子看来，只要让我们心中的船处于空着的状态，我们就能够远离烦恼，不会与他人发生冲突，自然就免于痛苦。

其实，我们所产生的情绪，极小部分是由发生的事情引起的，绝大部分是由我们对所发生的事情的反应所引起的。生活中令我们愤怒的对象，很可能只是我们的假想敌，这是上面这个故事对我们的启示。

在令人不悦的事情发生在自己身上后，有些人会不停地抱怨："我怎么这么倒霉！"任由自己在坏情绪中打转，而不是试着换个角度看问题。

在生活中也常出现像上面故事中的情况，父母没有调整好对事情的认知和自己的心态，对着孩子发无谓的火。因此，父母应做到以下几点。

首先，父母要在日常生活中保持情绪平稳。有些事情已经发生，我们无法改变，但是我们可以改变我们的心态。要学会保持冷静，与孩子耐心沟通，去倾听孩子的想法，不要因为孩子一时的行为或言语而反应过度。

其次，父母要学会理解和尊重孩子的感受。有些孩子年纪比较小，一时不能理解父母的意图，当父母发火时只会感到恐惧和不安。因此，父母要用孩子听得懂的语言和方式与孩子沟通。

最后，父母要尊重孩子作为个体的独立性。孩子不是父母的附属品，我们作为父母，不要控制孩子的行为，不要强迫孩子按照我们的想法成长。只要在孩子需要时给予适当的指导和帮助即可。在父母无条件的爱与理解中成长起来的孩子，情绪才会更稳定，才更有可能在广阔的世界中自由翱翔。

第四章

助力孩子养成优秀的品格，父母应该懂的心理学

认识赫洛克效应，
轻松培养优秀的孩子

　　15岁的小男孩凯姆通过广告找到了给一个家庭的庭院割草的工作。工作一周后，凯姆让爸爸打电话给这家的主人，询问需不需要割草工。这家的主人回答道："不需要，我已经请了割草工。"凯姆又让爸爸在电话里说如果需要新的割草工的话，这个割草工会帮忙拔掉庭院里的杂草。院子的主人还是拒绝了，他说："我请的割草工做得很好，而且他已经帮我把杂草拔了。"凯姆的爸爸挂了电话后问他："你不是已经在他家做割草工了吗，为什么还要让我打这个电话？"凯姆说："我只是想确认我的工作是否到位，看看是否有需要改进的地方。"

　　其实，每个孩子都像凯姆一样，希望从他人那里得到对自己工作、学习情况的反馈，特别是权威人士给予的反馈。反馈可以使学习者更加努力地学习，并改进学习方法，提高学习效率。赫洛克效应就是指及时对工作结果进行评价，能强化工作动机，对工作起到促进作用，也被称为反馈效应。而父母对孩子的进步、做得好的地方及时进行反馈和评价，可以强化孩子进步的动机，并可以激发孩子的潜能。这个效应源于著名心理学家赫洛克做的一个实验——他把参加实验的人分成四组：始终给予鼓励和表扬的"表扬组"；始终给予批评和训斥的"受训组"；无论成绩如何，既不表扬也不批评，完全被忽视的"被忽视组"；与前三组隔离，没有接受过任何评价的"控制组"。实验的最终结果为：成绩最好的是"表扬组"，其次是"受训组"，再次是"被忽视组"，而成绩最差的是完全没有接收到任何反馈的"被控制组"。

所以，父母在养育孩子的过程中，要对孩子给予及时的、合适的表扬和反馈，因为这样做能够满足孩子的安全、归属和爱的需要，以及被尊重的需要。从上面的实验还可知：批评比不予任何评价的效果更好。这是因为，虽说批评是负面的，但是在批评时给予了被批评者关注，让被批评者感受到自己与他人建立着联系。

赫洛克效应对我们的启示是：父母要想让自己的孩子越来越优秀，就要学会正确地表扬和批评孩子。

在表扬孩子时，父母可以采取以下四种表扬法。

第一种是"表祝贺"。比如，孩子某次考试成绩进步很大，父母要真心祝贺孩子，为孩子感到开心。第二种是"述案例"。比如，父母要回顾并肯定孩子为进步付出的努力。第三种是"做评价"。比如，夸奖孩子做事肯坚持又很爱想办法克服困难，这其实也是一种标签效应，就是给孩子积极的心理暗示。第四种是"谈影响"。比如，说孩子进步很大，自己作为父母也深受鼓舞，也要向孩子学习，等等。

而对于批评孩子这件事，因为有时父母的批评一不小心会激发孩子的逆反心理，所以父母可以这样做：先摆出事实，比如孩子这段时间沉迷游戏，放学后没好好写作业等；然后，父母要对孩子表示理解，想必孩子成绩退步，孩子的心情肯定也很沮丧；最后，父母要对孩子提出可行的建议，让孩子自己制订今后的学习计划，并从旁进行监督。

了解半途效应，
培养孩子坚持不懈的品质

半途效应是指在人们进行某项任务时，由于心理因素及环境因素的作用，在进行到一半时更容易中止，更容易产生放弃心理。

对很多人来说，坚持是件非常难的事。比如，对一些孩子来说，学习是件很多时候努力了却不能立刻看到回报的事，孩子在学习的过程中就容易出现半途效应。为了避免孩子陷入半途效应，我们需要了解半途效应产生的原因。

产生半途效应的原因主要有两个。第一个原因是目标选择不合理，当目标设置得过高或不切实际时，孩子因为觉得难以实现而产生紧张和恐惧心理，这种目标性恐惧会使孩子产生中途放弃的念头。第二个原因则是孩子的意志力较弱，一旦遇到困难和挑战，就难以坚持下去，容易产生半途放弃的想法。

为了避免孩子总是出现半途效应，父母应该怎么做？

第一，帮助孩子设置一个合理的目标。目标不宜过高，也不宜过低，最好是孩子"跳一跳就能够着"的目标。这样，对于孩子来说，不会因为目标太高、太难而产生恐惧，也不会因为目标过低、过于简单而失去挑战的激情。

第二，培养孩子的意志力和耐力。意志力和耐力在孩子面对困难和挑战时发挥着至关重要的作用。父母可以多带孩子进行登山之类的活动，在日常生活中也要多创造机会锻炼孩子的意志力和耐力。

适当运用压力效应，
提高孩子的抗压能力

现代社会中，很多人都承受着来自许多方面的压力，如何处理好自己与压力之间的关系，甚至学会利用压力，是每个人都应该掌握的必修课。如果孩子不能处理压力，他的心理和生活都有可能面临一些问题。

心理学家理查德·拉扎勒斯认为，一个人是否感觉到压力，主要取决于其对问题的认知评价和应对方式，通俗地说，就是取决于一个人怎么看自己所面对的问题，以及做出怎样的行动去解决问题。他认为认知评价分为三种：初级评价、次级评价以及重新评价。人们会根据自己的认知评价而调整自己的行动。

人们面对压力时最常见的应对方式一般有四种：采取积极的行动、回避、顺其自然、寻求帮助。采取这些应对方式的结果有两种：解决问题和缓解情绪。应对压力的结果会影响一个人的人生态度、观念、各种社会能力以及身心健康。

学校要挑选几个非常有能力的学生参加某个知名的竞赛，以小苗平时的情况来看，他非常有希望代表学校参加竞赛。而且，他也非常愿意参加。但是，在进行第一次选拔赛时，他的成绩并不突出，他因此而感到压力很大，甚至出现失眠的情况。因为还有一次选拔赛，小苗非常想抓住这个机会。但是，不知道为什么，他越想抓紧时间练习，越静不下心来。而小苗的妈妈对小苗期望很高，不断地在他身边督促他。

如果用拉扎勒斯的观点进行分析，让小苗对自己面临的问题进行初次评价，就是：他对自己在下次选拔赛中能否取得好成绩并不确定，因此产生了压力。后来，他根据初次评价，调整了自己的心态和行动，以积极的行动来应对压力，最终取得了不错的成绩。

积极行动是应对压力最主动的一种方式，而逃避和顺其自然属于消极地应对压力的方式。并不是只有普通人才会面临压力，其实，像奥运冠军这样的人在面临重要比赛时也会感受到巨大的压力，最重要的是我们如何看待压力和如何应对压力。

父母应该如何帮助孩子与压力和平共处呢？

当孩子面临压力时，父母可以带孩子去运动。科学研究表明，人在运动时身体会分泌内啡肽和多巴胺，它们可以让人感觉开心，可以有效地帮助孩子缓解焦虑，释放压力。

多拥抱孩子。当父母发现孩子压力很大时，可以拥抱孩子。人们在拥抱时，大脑会释放多种激素，让人感到开心并拥有安全感。而当人遇到压力时，身体也会释放多种神经激素，促使人们去寻找外部支持，比如告诉别人自己的感受而不是藏在心里，向外部寻求安慰或建议。同时这些激素还会作用于身体，保护身体免受压力带来的伤害。

孩子一到大考就失利，需要了解詹森效应

曾经有一名叫詹森的运动员，平时训练有素，实力非常强，却接连在几场重要的赛事中失利，让自己和他人失望。我们不难看出，这主要是詹森心理压力过大、过度紧张导致的。因此，人们把这种平时表现良好，但由于缺乏应有的心理素质而导致正式比赛失败的现象称为詹森效应。

而心理学上的耶克斯-多德森定律恰好可以解释詹森效应。美国心理学家耶克斯和多德森认为，当动机强度处于适宜水平时，人们的工作效率最佳；动机强度过低，则人们缺乏参与活动的积极性，工作效率也不可能高；而动机强度过高，对人的行为反而产生一定的阻碍作用，工作效率反而下降。

而詹森效应之所以出现，就是因为过强的动机使心理处于紧张和焦虑状态，以致最终比赛失败。有些孩子平时学习成绩很好，但一到大型考试就失利，也是这个原因。

初中生小波平时测试时成绩稳居班里前三名，但是他每次大考都几乎掉出班级前二十名。小波的妈妈非常重视小波的成绩，只要他考试失利，就会对他进行严厉的批评，痛心于他没发挥出自己的真实水平。但是，下一次大考时，小波仍会出现同样的情况：明明平时都掌握得很好的题目，在小波眼前却变得陌生起来，可他一走出考场，就恍然大悟，对所有的题目都得心应手。

小波总是在大考中发挥失常这件事体现了上述的詹森效应。因为他过于看重考试，让自己的心理处于过度紧张和焦虑的状态，所以最终发挥失常。

父母该如何让孩子免于出现詹森效应呢？

父母应该鼓励孩子注重过程，对结果不要过于执着。心理学家通过实验发现：人们给缝衣针穿线时，越是全神贯注地瞄准针孔，线越难穿入。这个实验告诉我们：目的性过强，反而容易导致失败。所以，我们平时不要过于执着于结果，而应该将注意力更多地放在过程上。各种竞技场上考验的不仅是选手的实力，还包括选手的心理素质。因此，不论是对于学习还是其他事情，父母要懂得鼓励孩子重视过程，不要过多地考虑结果如何，要使孩子的心理保持平静与放松，这样反而能够让孩子较好地发挥出自己的正常水平。

父母平时还要多鼓励、表扬孩子，要信任孩子，增强孩子的自信心。孩子只有充分相信自己的实力，才能在各种场合沉着冷静，发挥出自己的正常水平。

父母要警惕投射效应，
适合孩子的才是最好的

心理学家卡尔·荣格曾说："我们所看到的外在世界的每件事，都是我们内心的反映。"这句话说的就是投射效应，指的是将自己的某些特质归因到其他人身上的倾向。

曾有心理学家做过这样一个实验。他让化妆师在志愿者们的脸上画了一条丑陋的疤痕，并让志愿者们都看到了自己脸上的疤痕。在志愿者们不知情的情况下，化妆师将疤痕悄悄抹去。心理学家让志愿者们分别在公共场合待一小时后回来并描述周围人对他的看法。外出返回后，志愿者们无不抱怨周围人异样的眼光和对他们脸上疤痕的嘲讽。但实际上，志愿者们的脸上都非常光滑，根本没有疤痕。

志愿者们之所以有这样的看法，是因为他们将自己内心的想法投射到了路人身上，这就是典型的投射效应。投射效应在家庭教育中也很常见，父母往往将自己的情感、想法和观念等强加于孩子身上。比如，有些父母觉得自己学业有成、事业成功，自己的孩子也应当像自己一样优秀。但是，每个孩子都是独一无二的，有不同的特质和潜能。孩子身处父母的压力之下，反而影响自己发挥出潜力。

父母在养育孩子时该如何避免对孩子产生投射效应呢？

首先，父母需要承认个体之间具有差异性，每个孩子都是独一无二的个体。父母觉得好的，未必适合孩子。德国哲学家康德说过："我尊敬任何一个独立的灵魂，虽然有些我并不认可，但我可以尽可能地去理解。"父母和孩子的成长经历不同，父母的出发点是爱孩子，但是总是将自己的想法投射到、强加于孩子身上，却未必适用。父母不应以自己的感受和喜好来评判和要求孩子，而应多关注孩子的爱好，以兴趣为导向引导孩子成长和发展。

其次，父母应该多进行换位思考，常站在孩子的角度思考问题。很多父母身陷投射效应却不自知，比如，为了鞭策和鼓励孩子，经常拿别人家的孩子和自己的孩子比较。父母觉得这是对孩子好才进行比较的，但孩子常常嗤之以鼻。另外，父母进行过多的比较，还有可能让孩子产生自卑心理。父母要做的就是站在孩子的角度考虑，多带孩子进行社交，参加团体活动，使孩子从多方面获得自信。

总而言之，规避投射效应就是父母要避免总对孩子说"我觉得""我认为"，要多共情，换位思考，尊重孩子。

运用自然惩罚效应，让孩子主动从错误中汲取教训

与刻意而为的惩罚相比，很多教育学家主张对孩子实施自然惩罚。什么是自然惩罚？就是当孩子出现过失或犯错时，父母并不主动惩罚孩子，而是让孩子自己承担错误行为所带来的后果。孩子承受自己所犯错误的自然后果时，获得了不愉快的体验，从而引发悔恨感，进而使孩子理解并纠正自己所犯的错误。

18世纪，著名教育家卢梭在《爱弥儿》中首先提出"自然后果的惩罚"这一教育理念。19世纪，教育家斯宾塞在此基础上，又进一步发展、完善了这个教育理念。斯宾塞认为人为的干涉和过度保护会阻碍儿童自然发展，人为的惩罚没有能够改造人，在许多情况下反而增加了犯罪。他主张采用"自然后果的惩罚"这一教育原则。

莹莹做事总是拖拉磨蹭，比如每天写很少的作业都要花很长时间，而且还需要妈妈再三催促。暑假到了，莹莹的学校开展研学活动，大家要坐高铁去目的地。老师再三叮嘱大家一定要在上午9点前准时到达集合点。早上7点钟，莹莹妈妈叫了她好几遍，莹莹才不情愿地起床，慢吞吞地洗漱。莹莹之前总是这样拖拉，怎么催都没用，所以妈妈决定这次不再催促，而是任由莹莹慢吞吞地吃饭。高铁可不等人。同学们都开开心心地出发了，莹莹因为拖拉没有赶上高铁，错过了她心心念念的、精彩的研学活动。这次教训让她认识到做事拖拉会有严重的后果。那之后，莹莹做事拖拉的毛病终于改掉了。

自然惩罚适用于一些年龄较小的孩子，他们还不太懂得是非，缺乏自我克制能力。在现实生活中，孩子如果没有亲身体验过自己的某些行为或过失产生的危害，就不会对某些行为产生"非改不可"的迫切要求，特别是年龄较小的孩子，对挨批评的事扭头就忘，行为上总是"依然故我"，难以有效地纠正自己的行为。对于这样的孩子，父母可以尝试使用自然惩罚。

父母运用自然惩罚时需要注意以下几点。

第一，不能伤害孩子的身体。孩子的身体健康是第一位的，父母实施自然惩罚时必须确保不会伤害孩子的身体。惩罚的目的是让孩子从痛苦中得到教训和启示，不再重犯。如果对孩子的身体健康有所损伤，就失去了惩罚的意义。

第二，不能伤害孩子的自尊心。运用自然惩罚的目的是让孩子自己承担犯错的后果，让孩子因为不愉悦的感受而改变自己原先的行为。但要注意不能伤害孩子的自尊心。自尊心是孩子上进的动力，是精神支柱。如果孩子丧失了自尊心，就容易缺乏自信或产生自卑心理，比较害怕失败，不利于孩子今后的成长、发展。

　　第三，自然惩罚原则与说服教育并行。自然惩罚的目的是让孩子自己承担过失行为带来的后果，使孩子做出改变。但是父母也要对孩子进行严肃的说服教育，指出孩子究竟错在哪里，帮孩子分析问题，给孩子讲清道理。这样，孩子才知道为什么不能做某些事。孩子掌握了正确的行为规则后，就能更好地遵守规则、正确地做事。

近期目标效应：
千里之行，始于足下

日本选手山田本一身材矮小，并没有能够夺取马拉松比赛冠军的身体条件，但他却两次夺得马拉松比赛冠军。他在自传中说出了自己胜利的秘诀：每次比赛前，他都会乘车仔细地看一遍比赛路线，然后在纸上把沿途比较醒目的标志画下来，比如第一个标志是银行，第二个标志是一棵大树，第三个标志是一座红房子……一直画到终点。比赛开始后，他就奋力冲向第一个目标；冲到第一个目标后，再以同样的状态向第二个目标冲去……这样，赛程被分解成几个小目标，他就能很顺利地跑完。

上述案例中，山田本一在马拉松比赛中夺冠的秘诀就在于他利用了近期目标效应——把大目标分解成多个小目标，把长远目标分解成近期目标，把模糊的目标转换为具体的目标，让人从心理上产生看得见、够得着的感觉，目标就更易达成。

在教育孩子时，父母应该如何运用近期目标效应呢？

第一，父母应确保给孩子设定的目标既有挑战性又有可行性。太难实现的目标可能会让孩子灰心丧气，而过于简单的目标则无法使孩子产生成就感。例如，孩子上次考试在班里的排名是第十七名，那么下次考试可以给孩子设定考到前十五名这个目标。

第二，父母要注意目标的梯度递进。将长远目标分解为一系列孩子可逐步实现的短期目标，会让孩子总能看到自己在前进、在进步，并能一直保持前进的动力。以背单词为例，假设一学期的目标是背600个单词，那么，可将其拆分为每月背120个单词这一小目标，鼓励孩子每天坚持背诵，孩子就会逐步实现当初定下的大目标。

第三，父母要适时对孩子进行恰当的激励。每当孩子完成一个阶段的目标时，父母就要及时给予孩子肯定和鼓励。父母的肯定和鼓励、真诚而郑重的表扬能够增强孩子的自信心和积极性，可以让孩子感受到成功的喜悦，并不断增强继续挑战下一个目标的勇气。

了解达克效应，
让孩子正确认识自己

达克效应又叫邓宁-克鲁格效应，是康奈尔大学的一项研究成果，指的是有些人对自己的能力有认知偏差，特别是那些能力相对弱的人，不仅不能意识到自己能力水平不足，还往往高估自身的能力水平，沉浸在自我营造的虚幻优势之中。

研究结果显示，有些能力欠缺的人，他们既缺乏知识、技能或经验，也无法正确地认识到自己能力低下，反而对自己颇为自信。相反，有些能力很强的人反而会经常怀疑自己的能力。

无论是过度自信还是妄自菲薄，都是因为没有正确地认识自己。

琪琪今年10岁，是个自信大方的小女孩。琪琪的爸爸妈妈奉行鼓励式教育，平时经常夸奖女儿既聪明又漂亮。琪琪一直非常自信，学习等各方面的表现也一直很不错。但是，上了四年级后，随着学习的难度加大，琪琪变得力不从心，学习不再像以前那样轻松。琪琪的爸爸妈妈发现，只要一到快考试的时候，琪琪就生病。他们后来才知道，琪琪因为怕考得不好，所以直接装病逃避考试。

经常夸赞孩子可以使孩子充满自信，但也容易让孩子落入达克效应的陷阱，像琪琪一样无法正确认识自己，从而为了避免失败而选择逃避。

知道了达克效应后，父母可以科学地引导孩子，让孩子对自己有正确的认知。

第一，帮助孩子客观地认识自己。很多父母喜欢经常夸奖孩子，夸奖确实能激发孩子的自信心。但是，在孩子的成长过程中，父母如果总是无条件地夸奖孩子，也容易让孩子丧失对自己的客观判断，认为自己天赋异禀，无所不能。学习是客观的，当孩子面对有一定难度的任务，完成这个任务需要的能力高于孩子本身的能力时，孩子就会产生"自己无法轻松完成任务"的挫败感。孩子为了避免体验这种挫败感，保持"我很聪明"这个心理定势，常常会选择放弃完成任务。这就需要父母帮助孩子调整学习等各种任务的难度，让孩子循序渐进地完成任务。如果阶段性的目标能逐一实现，孩子就会逐渐真切地感知到自己的能力以及对各种任务的把控感，就会慢慢战胜内心的恐惧，逐渐变得真正自信起来。

第二，引导孩子跨越挫折期。孩子刚接触一个新领域时，一般来说开始时难度较低，孩子会进入一种兴奋的状态，会非常自信，觉得自己无所不能，充满挑战欲。而随着学习内容逐渐深入，难度逐渐提升，孩子的愉悦感和成就感开始降低，自信心逐渐萎缩。对达克效应的研究表明，如果在这个阶段孩子没有停止学习，而是继续坚持，慢慢地就会找到规律并积累经验，孩子又会重新获得掌控感，走到正反馈的轨道上。当孩子遇到困难想放弃时，父母不能一味地指责，而应该给孩子以启发和方向，引导孩子去持续地努力，提高自我效能感。

运用禁果效应，
培养孩子的好奇心和求知动力

禁果效应指的是一些事物因为被禁止，反而更加吸引人们的注意力，这是一种逆反心理。

禁果效应源于《圣经》里的故事。伊甸园里智慧树上结的果子被称为禁果。神对亚当和夏娃说园里其他树上的果子都可以吃，唯独智慧树上的果子不能吃，也不能触碰，否则便会有可怕的后果。但是夏娃受蛇的引诱，不顾神的告诫吃了禁果，还把果子给了亚当，亚当也吃了。最后神将他们赶出了伊甸园。

通俗地讲，禁果效应指的是越是被禁止的事物，人们就越是好奇，越是想要去尝试；越是被掩盖的信息，人们就越有探求的欲望，越是要利用一切渠道来获取。用心理学中的抗拒理论解释禁果效应，就是人们喜欢按照自己的意愿自由行事。当这种自由受到威胁时，人们会经历心理上的抗拒，产生不愉快的情绪，这种情绪反而会促使人们要恢复到失去自由前的状态，去做被禁止的事。

一件事如果没有被禁止，也许并不会引起人们的注意；而如果被禁止，必定会引起人们的注意。如果没有说明禁止做某事的原因，那么禁止本身就会引起各种推测。可见，禁果效应的产生与人们的好奇心有关。

著名认知心理学家让·皮亚杰认为，儿童天生对周围的世界有着强烈的好奇心和探索欲望。简单地说，就是好奇心引发探索行为。所以，孩子会更想尝试去做被禁止的事情，面对禁果，忍不住要尝尝看。

由禁果效应而产生的逆反心理也有一个专属名称——禁果逆反。

在学校和家庭中，老师和父母对爱情、性等话题讳莫如深，禁止孩子们和异性交往。但往往越是禁止，越会引发孩子的好奇心和逆反心理。而且，孩子们还常常将自己的逆反心理寄托在那些"离经叛道"的同龄人身上。作为父母，不想孩子被带坏，便出手干涉，不让自家的孩子与"离经叛道"的同龄人有来往。这样，被禁止的友谊也变成了禁果，孩子们更想去摘取、品尝。

堵不如疏。父母了解禁果效应后，在教育孩子时就要顺应孩子心理发展的规律，可鼓励孩子和异性进行适度正常交往，促进了解、互相进步。对于其他对孩子有诱惑力的东西，如游戏和电子产品等，也可采取以上原则。因为，如果父母一味禁止，孩子很可能会产生禁果逆反心理，反而适得其反。父母不如与孩子共同商量一个打游戏的时间段或者和孩子约定每天使用电子产品的时长等，这样，不仅能减轻孩子的逆反心理，还能借机引导孩子学会规划时间。

第五章

培养孩子的好习惯,父母应该懂的心理学

运用21天效应，
帮助孩子养成好习惯

21天效应是指一个人养成一个新的习惯至少需要21天，心理学将其称为21天效应。人的全部行为中只有不到5%的行为是非习惯行为，大约95%的行为都属于后天养成的习惯行为。因此，我们作为父母，千万不要忽略在日常生活中培养孩子的好习惯。

20世纪50年代，一名整形外科医生在给病人截肢后，注意到病人会出现"幻肢"现象，病人大约需要21天才能开始适应他们的身体变化。20世纪60年代，心理学家马尔茨在其著作中提出了"21天效应"这个概念。

在21天效应之上，人们进一步把习惯养成的过程分为三个阶段：第一个阶段是"刻意、不自然、痛苦"的阶段；第二个阶段是"困难、刻意、自然"的阶段；第三个阶段是"习惯巩固期"，熬过这个阶段，就养成了新的习惯。

心理学家威廉·詹姆斯曾经说过，行为必须不间断地重复才能变成习惯。无论习惯养成所需的时间有多长，要想形成一个好习惯，就必须不停地坚持与重复。《刻意练习》一书中说过，"习惯的形成在于重复的次数"。每重复一个动作，就会激活一个与这个习惯相关的特定神经回路，养成新习惯最关键的步骤就是不断地重复。

了解了21天效应，父母该如何帮孩子养成好习惯呢？

第一，好的习惯需要坚持，为了让孩子坚持，父母在培养孩子的习惯时可以循序渐进。比如，在培养孩子每天养成运动的习惯之初，父母可以给孩子设定每天运动5分钟的任务，当孩子能够顺利地适应后，再逐渐增加时长。

第二，习惯的养成在于重复，父母在帮助孩子养成新习惯的过程中，要做好教练的角色，对孩子进行监督和鼓励。父母要以身作则，带动孩子一起养成新习惯。父母如果想培养孩子阅读的习惯，就不能只要求孩子阅读，而自己在一旁玩手机。父母要参与孩子习惯养成的各个环节，和孩子一起养成好习惯。

了解镜像效应，
做孩子明净的镜子

镜像效应是指人的感知系统就像一面镜子，会把外在世界映射到大脑中。在家庭教育中，镜像效应也常指父母的言行会对孩子产生影响，孩子身上出现的问题，都能在父母身上找到根源。

孩子会对父母的行为进行无意识的模仿，这是因为人的大脑中有一种叫作"镜像神经元"的特殊组织。镜像神经元能在大脑中映射出别人的动作、情绪等，其广泛分布在大脑的多个区域，参与动作的理解、模仿，以及共情和社会认知等活动。

父母是孩子最亲密的人，孩子会把父母当作学习的榜样，会通过观察父母的行为进行无意识的模仿。孩子这样间接地获取经验时，并不会刻意筛选，所以，父母的好习惯和坏习惯都会在孩子身上延续。

著名教育家苏霍姆林斯基认为，在家庭中，孩子是花朵，父母是根。如果花朵枯萎，则大多是根出了问题。而孩子身上的各种小毛病也大多是父母身上的问题的投射。孩子就是一面镜子，折射出父母最真实的模样。很多父母心里想管教好孩子，嘴上也总是苦口婆心，但行动却与所说的并不一致。父母一定要清楚：自己是孩子的第一任老师，家庭是孩子的第一间课堂。孩子的思想、语言、行为模式会从父母身上复刻而来。孩子的问题的根多数在大人身上。教育的本质不是管束，而是影响。父母的言传身教才是最好的教育方法。

了解了镜像效应，父母在家庭教育中就要严格要求自己，在日常生活中给孩子做出好榜样。"其身正，不令而行；其身不正，虽令不从。"父母如果有好习惯，那么不用刻意地说教，孩子也会在潜移默化中习得。而某些事情如果父母自己都没有做到，却总要求孩子做到，那么就算父母每天唠叨，孩子也很难听从父母的话。

破窗效应不容忽视，
坏习惯要狠抓

放学后，几个孩子在路边踢足球，足球飞出去，不小心把路边房子的一面玻璃打破了。孩子们惴惴不安地回家了。过了一周，当孩子们再路过那栋房子时，发现被打破的玻璃并没有被修好。于是，他们拿起石头砸碎了更多玻璃。

第一扇被破坏的窗被忽视，就会有第二扇窗、第三扇窗……被破坏，这就是破窗效应。破窗效应是由政治学家詹姆士·威尔逊和心理学家乔治·凯林提出来的，该理论认为如果环境中的不良现象被放任存在，就会诱使人们效仿，甚至变本加厉地效仿。

家庭教育也是如此，父母如果不去纠正孩子身上存在的小问题或坏习惯，就很可能引发破窗效应，之后会有更多、更不好的问题或坏习惯出现在孩子身上。父母应该关注孩子的行为，及时发现并纠正孩子的不良行为，避免孩子身上发生破窗效应，应该这样做到以下几点。

  制定明确的规则，使孩子养成良好的生活习惯。父母可以和孩子一起制定明确的规则，包括学习习惯、生活习惯等。制定的规则应该具体、可衡量，这样孩子才能清楚地知道应该怎么做、做成什么样。

  强化孩子良好的习惯。对于孩子日常的进步和良好的表现，父母要及时给予表扬和鼓励，给予积极的反馈，让孩子感受到自己的进步，从而更加努力地保持好习惯，强化好习惯。

  及时纠正孩子的坏习惯，"修好破掉的窗户"。千里之堤，溃于蚁穴。如果父母放任孩子小的坏习惯不管，孩子以后就很可能养成更多坏习惯。父母要及时发现孩子的坏习惯和不良行为，指导孩子改正，及时弥补失误，别让"一扇破窗"毁了孩子。

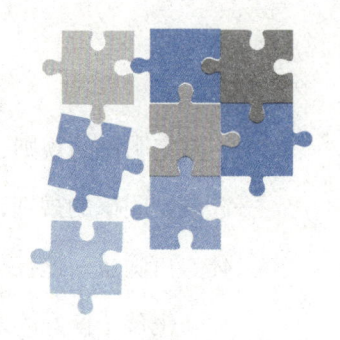

借助路径依赖效应，
让孩子养成好习惯

在行为心理学中，人们把一旦形成某种行为模式就对这种行为模式产生依赖，并由于惯性而很难做出改变的现象称为路径依赖效应。人的认知具有一定的惯性，一旦形成某种认知模式，就会倾向于按照这种模式去理解和处理信息。

如果孩子已经习惯于某种行为模式，他们的认知会自动地倾向于维持这种行为模式，想要改变该行为模式就要付出更多的努力。例如，孩子从小就养成了每晚都要看一段时间电视才去睡觉的习惯，这也是形成了一种路径依赖。父母如果想让孩子做出改变，让孩子改为每天晚上睡前看一段时间书之后再去睡觉，这种改变对于孩子来说，就是改变原来的行为模式，是非常难的。

父母知道了路径依赖效应后，该如何帮助孩子养成好习惯呢？

要从小培养孩子的好习惯。孩子小的时候，行为和认知模式还没有完全形成，培养良好的习惯相对容易。一旦孩子养成好习惯，这种习惯就会成为他的行为路径，更容易保持下去。比如，孩子在幼儿时期就养成了饭前洗手、按时睡觉等好习惯，这些习惯会在孩子成长过程中固定下来，成为他生活的一部分。

给予孩子积极的反馈和奖励。在孩子养成良好的行为习惯的过程中，父母要及时给予积极的反馈和奖励，强化孩子的行为。这样可以鼓励孩子把好习惯坚持下去。

为孩子营造一个良好的环境。"孟母三迁"的故事家喻户晓，环境对于孩子好习惯的养成十分重要。父母要尽量创造一个有利于孩子养成良好习惯的环境，这样，孩子养成和坚持好习惯会更容易。

掌握角色效应，
轻松培养孩子的好习惯

角色效应是指人们在扮演不同的社会角色时表现出的不同的行为和态度等。比如，在社会生活中，人们分别扮演父母、孩子、员工、消费者等角色时，心理、行为、态度都有所不同，这种因角色不同而引起的心理、行为或态度的变化被称为角色效应。

角色效应最初是由日本心理学家长岛真夫通过实验证实的。他把小学五年级一个班级里8名后进生任命为班干部。一个学期后，由全班学生投票选举班干部，这8名学生中有6名再次当选。而这学期以来，这6名学生在自尊心、责任心、稳定性、活跃度、协调性等方面都有了惊人的进步，并且，班级的氛围也发生了显著变化，不参加班级活动、行为孤僻的学生的比例大大降低。

在家庭中，最重要的三个核心角色就是爸爸、妈妈和孩子，父母和孩子都要扮演好各自的角色，不要出现家庭角色的缺位或错位，否则容易引发孩子的行为问题，以及家庭的矛盾。比如，爸爸这个角色在家庭教育中缺位，妈妈承担了爸爸的角色；爷爷奶奶干涉孩子生活过多；等等。在家庭中，爸爸应该扮演好爸爸的角色，妈妈应该扮演好妈妈的角色，爷爷奶奶是核心家庭之外的重要成员。一些孩子和父母之间的关系不融洽，很大一部分原因在于家庭角色出现错位，比如父母总是帮孩子承担过多责任，代替孩子完成孩子应完成的角色任务；父母对孩子要求过度，孩子承担的压力过大，超出孩子这个角色所应该承担的；等等。

在家庭教育中，父母可以利用角色效应，让孩子完成该角色应完成的任务，促进孩子成长和发展；并通过为孩子创设多种角色，让孩子形成良好的习惯，或让孩子对世界和自我进行充分的探索。比如，父母可以让孩子担任家庭卫生检查员，这有助于孩子养成好的卫生习惯；父母可以鼓励孩子参与班干部竞选，培养孩子的领导能力和决策能力；父母可以鼓励孩子以志愿者的身份参加社会实践活动，比如成为图书管理志愿者或环保志愿者，让孩子增加对社会的认识，提高孩子的社交能力、自信心以及社会责任感。

登门槛效应：
习惯培养要循序渐进

登门槛效应也叫得寸进尺效应，指的是一个人一旦接受了他人的一个小的要求后，为了给他人以前后一致的印象，就更可能接受一个更大、难度更高的要求。

20世纪60年代，国外的社会心理学家做过一个实验。实验的第一步是实验人员登门拜访，让家庭主妇在一份呼吁安全驾驶的请愿书上签名。对于这个微不足道且无害的要求，很多家庭主妇都签了名，表示支持。两周后，实验人员再次登门，询问当初签名的这些家庭主妇是否可以在她们家的院子内竖立一块写着"谨慎驾驶"的告示牌。因为这个告示牌并不美观，还要占用院子的空间，这无疑是一个更大的要求。结果，答应了第一项请求的主妇中有55%的人接受了竖立牌子的要求。而之前没被拜访过、没进行过签名这一行为的家庭主妇中，只有17%的人接受了该要求。

登门槛效应在日常生活中非常常见。比如，当顾客在商场选购衣服时，售货员总是会热情地让顾客穿上试一试。当顾客将衣服穿上身时，售货员会称赞衣服非常适合顾客，并周到地为顾客服务。因为顾客已经答应了售货员提出的试穿的小请求，当售货员劝顾客买下时，很多顾客难以拒绝。

在家庭教育中，父母也可以运用登门槛效应，先对孩子提出一些难度较低的要求，等孩子按照要求完成后，父母及时给予肯定、表扬和奖励，然后逐步提高任务的难度，这样就可以在循序渐进中帮助孩子养成良好的习惯。比如，当孩子沉迷于玩玩具而不想写作业时，父母可以先要求孩子安静地坐在桌子前面，当孩子照做后，父母再提出让他写作业的要求，这样，孩子就会心平气和地去写作业。

多巴胺效应：
让孩子快乐地养成好习惯

多巴胺效应是指人们经历愉快的活动、克服困难获得成就感、享受美食、受到他人的赞美或者与他人进行社交互动产生积极的体验时，大脑就会分泌多巴胺，人就会产生愉悦感。为了再次体验这种愉悦感，大脑会自发地增强对同样行为的兴趣。这种倾向是大脑的自然反应，旨在鼓励人们重复那些能够产生愉悦感的行为，这种心理学现象就叫作多巴胺效应。

父母明白了多巴胺效应的产生原理，就可以设计孩子的学习机制，让孩子在学习中获得快乐，在愉悦中养成良好习惯。

父母如何利用多巴胺效应，帮助孩子养成好习惯？

设置明确的目标。父母可以给孩子设定具体的、可实现的目标，孩子每完成一个目标，父母就给予一定的奖励，让孩子获得一定的成就感，刺激孩子的大脑中多巴胺的分泌。比如，父母规定孩子每天学习一定数量的单词，如果孩子完成任务，父母就给孩子以小奖励。那么，当完成任务并获得奖励后，孩子就会很开心。

兴趣是最好的老师，父母要帮助孩子找到学习或做事的内在动机。当孩子做自己喜欢的事情时，会从中获得快乐和满足感，大脑会自动分泌多巴胺。因此，父母可以帮助孩子找到爱好，比如画画、唱歌、进行某项运动等，当孩子在过程中享受到快乐，大脑中就会分泌多巴胺，而大脑分泌多巴胺后，孩子会更愿意坚持自己的爱好。

任务的挑战性要适度。当任务的难度适中，既不过低也不过高时，最能激发大脑分泌多巴胺。如果任务设置得过于简单，孩子会觉得没有兴趣；如果任务太难，超出了孩子的能力，孩子会产生挫败感。这两种情况都无法使孩子感到快乐或兴奋，大脑也就不会分泌多巴胺。所以父母在给孩子设置任务时，难度要适中。

巧用白熊效应，
用正向的语言去描述习惯

白熊效应也叫反弹效应，简单地说，就是指当一个人想要停止或抛弃头脑中的某个想法时，反而会让这种想法更加强烈地回归和再现。

白熊效应源于社会心理学家丹尼尔·魏格纳和同事所做的一个实验。他要求参与实验的人在头脑中想象出一只白熊。在参与实验的人清楚地想象出一只白熊后，魏格纳就与该人聊一些别的话题。话题结束后，魏格纳问该人想起那只白熊的次数。参与实验的人因为没有在意，所以在聊天时没有想起过那只白熊。但是，后来当魏格纳明确要求参与实验的人不要想起那只白熊时，那只白熊却总是闯入参与实验的人的脑海中。魏格纳又要求参与实验的人可以想起白熊，却发现参与实验的人想起白熊的次数反而变少了。

上述实验最终得出的结论是：当人们被要求不要去想或不要去做某件事时，人们反而会把注意力集中到这件事情上。在家庭教育中，白熊效应则表现为父母越是强调不要做的事情，孩子会越想去做。所以父母在教育孩子时可以学会反向运用白熊效应。

父母应该尽量用正向的语言对孩子提要求。父母表达要求时要多用肯定句，少用否定句。当我们希望孩子不要做某件事情时，不要用"别""不要"这种词，而是用正向表达的语言以及我们期待孩子去做的事情替换。比如，"不要说谎"可以改为"诚实的孩子会让妈妈更喜欢"，这样说可以避免孩子产生白熊效应，也就是逆反心理。

用积极引导替代强行禁止。当孩子有某些不良习惯时，父母不要粗暴地禁止，而是要引导孩子用好习惯替代不良习惯。比如，如果孩子总是抱着手机打游戏，父母不要粗暴地呵斥、制止，而是引导孩子去参加户外活动。当孩子投入户外活动时，对手机游戏的渴望就会减弱。当孩子的注意力被新的、有趣的活动吸引后，头脑中"打游戏"这只"白熊"就会被忘却。

及时给予孩子正面反馈。在孩子养成好习惯的过程中，对孩子积极的、良好的行为父母要及时给予正面反馈。比如，看到孩子每天坚持锻炼身体，父母就要真诚地表扬孩子。接收到来自他人的积极的反馈，孩子就会强化自己的行为，更有坚持下去的动力。当孩子坚持得不好时，父母也不要一味指责，而应温和地提醒，这样更有利于孩子坚持好习惯。

普雷马克效应：
让孩子养成好习惯的诀窍

普雷马克效应，简单地说，就是将孩子做自己喜欢的事情作为一种强化手段，刺激孩子去做他们本身不喜欢但却是父母希望孩子做的事情，即让孩子先做不喜欢做的事情，完成后再去做自己喜欢的事情，这样就可以大大提升孩子去做不喜欢的事情的概率。比如孩子不爱吃蔬菜，父母可以告诉孩子先吃完蔬菜就可以吃一块小蛋糕，那么孩子吃小蛋糕这件事就成了孩子吃蔬菜这件事的有效强化手段。当孩子先做完一件他们不喜欢的事情，再做他们喜欢的事情，喜欢的事情就是一个正向的刺激，可以提升孩子做他不喜欢做的事情的概率。

父母运用普雷马克效应帮助孩子养成好习惯时，应该注意什么？

首先，要意识到普雷马克效应是先有行为后有强化手段。比如，孩子喜欢看电视，那么父母可以要求孩子先做作业然后再看电视。如果孩子讨价还价，说先看电视再写作业，那么这种正向强化的链条就不存在了。所以，必须先有孩子去做并不是很情愿但不得不做的事情的行为，才能用他喜欢的事情作为刺激。

其次，要让孩子认识到他所做的行为的质量必须好或合格。假如孩子为了早点儿看电视，敷衍地写完了作业，而父母也让他看电视了，那么孩子下次还会敷衍地写作业，看电视对孩子写作业这一行为就起不到强化作用。父母必须让孩子认识到，只有认真做完作业才能看电视，敷衍地写完作业是不可能看电视的。绝不能孩子一哭闹，父母就放弃原则。

普雷马克效应运用得成功与否，很大程度上取决于父母对孩子的了解程度。父母只有充分了解孩子喜欢什么、不喜欢什么，才能在选择强化的事情时得心应手。

当然，普雷马克效应只能作为一种让孩子养成好习惯的辅助手段，不宜使用过多，否则就会出现过度理由效应（指附加的外在理由取代人们实施行为的内在理由而成为行为的支持力量，从而使行为由内部控制转向外部控制的现象），让孩子认为学习或做一些事情是为了获得奖励，反而不好。

了解棉花糖效应，
帮助孩子养成延迟满足的好习惯

棉花糖效应也被称为延迟满足效应，是指为了长远的、更大的利益而自愿延缓或者放弃眼前的、较小的利益。这一效应最早由心理学家沃尔特·米歇尔提出。

心理学家沃尔特·米歇尔找到三十几个儿童，让他们每个人单独待在一个空房间里，房间里只有一张桌子和一把椅子。实验人员在桌子上放了一颗棉花糖，并告诉孩子实验人员要出去一会儿，如果孩子能等到实验人员回来后再吃，就可以额外得到一颗棉花糖作为奖励；如果在实验人员回来前忍不住吃了棉花糖，就得不到额外的奖励。大多数孩子坚持不了几分钟就放弃了，只有大约20%的孩子因为延迟吃棉花糖而得到了额外奖励。

多年后，米歇尔又对参与该实验的这些孩子进行回访。他发现，当年能够做到延迟满足的孩子在学习成绩方面、认知方面、社会适应能力方面等的表现均更为优异。

父母应如何运用延迟满足效应帮助孩子养成好习惯呢？

首先，在运用延迟满足效应时，要将主动权交给孩子，让孩子学会等待，而不是由父母控制孩子的行为。比如，孩子和小伙伴一起玩耍时，他看到小伙伴拿了一个新玩具，于是哭闹着想要抢过来玩，这时，父母既不要直接请求小伙伴把玩具给自己的孩子玩，也不要无视孩子的需求，批评孩子不懂事。父母可以和孩子充分沟通，告诉孩子抢别人的玩具是不对的，如果他也想要这个玩具，等父母有时间时带他去买。父母也要信守和孩子的承诺，不能为了让孩子一时不哭闹，就哄骗孩子，否则很容易让孩子失去对父母的信任。另外，父母也要注意：并非事事都要延迟满足。当孩子确实有需求时，错误的延迟满足只会压抑孩子的需求。

其次，父母要认真倾听孩子的需求，帮助孩子找到解决方案。比如，孩子今天已经吃了好几颗糖果了，但还是闹着要吃。这时，父母应该告诉孩子：糖吃多了对牙齿不好，每天吃几颗就好，明天再吃。

最重要的一点是：延迟满足并不等于不满足孩子的需求。如果孩子的需求一直得不到满足，孩子内心就容易产生不安全感，长大后很容易不停地花钱去满足童年时未被满足的需求。所以，父母在运用延迟满足效应时要把握好分寸。

第六章

让孩子快乐学习,父母应该懂的心理学

把握孩子成长关键期，培养良好的学习习惯

"人生的道路虽然漫长，但紧要处常常只有几步，特别是当人年轻的时候。"教育孩子时，父母需要把握好孩子成长的关键期，培养孩子良好的习惯，为孩子的人生道路打下坚实的基础。有些父母或许听说过"秩序敏感期""情感敏感期"等提法，但在养育孩子的过程中，这些敏感期似乎在孩子身上不易察觉，有些父母就会质疑：真的存在这些敏感期吗？生物学家洛伦茨的印刻效应实验给出了答案。洛伦茨还曾因此荣获过诺贝尔奖。

洛伦茨发现小鸭子会本能地把第一眼见到的动物当作自己的母亲。比如，小鸭子在破壳后首先看到的是洛伦茨，就会把他当成自己的妈妈，紧紧跟随在洛伦茨身后。那之后，即使人们把鸭妈妈放到小鸭子身边，小鸭子也不会跟随。也就是说，错过某个关键期后，小鸭子的"认母"能力就丧失了，之后再怎么努力也无法补救。

洛伦茨把鸭子发生印刻效应的这一特殊生理发展期称为发展关键期。发展关键期这一概念强调的是个体在一生中的某些特定时期对特定的环境刺激较为敏感。

教育家玛丽亚·蒙台梭利提出了与之相似的概念——人的发展也存在敏感期，她认为儿童有语言、运动、秩序、感官敏感期等。父母要善于识别孩子的敏感期，并为孩子创造良好的条件，促进其语言、动作、思维、觉知等方面的发展。

孩子的语言敏感期是从出生到6岁，孩子会在日常生活中不断学习和积累词汇，并运用到生活场景中。这一时期，父母们可以利用生动的表情、丰富的语言、不同的语音语调去调动孩子对语言的兴趣。在这个时期，父母要特别注重自己说话时的用词，为孩子创造一个积极、正能量的语言环境。

孩子的运动敏感期是从出生到4岁半。在这个时期，孩子的身体快速生长，身体的平衡能力以及手指抓握的灵活性不断提高。父母在这一时期要及时为孩子提供安全的活动环境，密切关注孩子身体的变化，及时给孩子提供合适的玩具并加以引导。

孩子的秩序敏感期是2~4岁，这一时期的孩子对环境和事物的秩序表现出强烈的关注，父母可以在孩子的这一时期有意识地培养孩子的一些习惯。

孩子在感官敏感期通过五感（视觉、听觉、触觉、嗅觉、味觉）探索和认识世界。他们对颜色、形状、声音、质地等表现出强烈的兴趣和好奇心。在这一阶段，孩子会主动通过感官活动来体验他所在的世界，这些体验在他的认知和智力发展中起到至关重要的作用。

　　了解了印刻效应和发展关键期，父母就可以根据孩子所处的不同时期进行有针对性的培养。

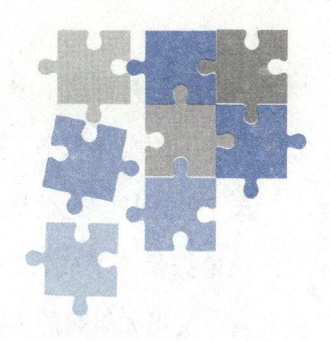

双生子爬梯实验：
学习要尊重孩子的发育规律

心理学家格赛尔做过一个著名的"双生子爬梯"实验。在同卵双生子A和B出生46周时，格赛尔先对双生子中的A进行爬梯训练，而作为对照组的B不进行任何训练。持续训练六周后，格赛尔对A和B再次进行了测试，A的训练成果很明显，爬梯速度远超B。在第53周后，格赛尔又对B进行了爬梯训练，他意外地发现，相较于A，虽然对B开始训练的时间晚，且训练的时间短，但B很快就能达到和A一样的熟练水平。

格赛尔的这个实验告诉我们：教育孩子要遵循孩子的生理规律，要遵循孩子发展的内在时间表，虽然对孩子较早地进行一些训练在短时间内会表现出一定的效果，但是从最终结果来看并没有显著作用。近年来，早教观念在社会上流行起来，但是从格赛尔的双生子爬梯实验得出的结论来看，早教未必能让孩子"赢在起跑线"。

父母养育孩子要遵循孩子身心发展的规律,要从实际出发,要尊重孩子的实际水平,遵循自然发展规律,不必要在短时间内人为加速孩子的成长。也就是说——"拔苗助长"的养育方式不可取。父母过早地拧紧孩子成长的发条,有可能会透支孩子童年应有的快乐和纯真。父母如果真的爱孩子,就应该尊重孩子的成长规律。儿童阶段的孩子正处于游戏期,这个阶段的养育应该以游戏为主,在游戏中激发孩子心智的发展。有些父母认为玩是浪费时间,所以会提前教孩子学习一些书本知识,或者让孩子学习各种才艺,于是,本该快乐游戏的孩子承受了本不应该承受的压力,结果往往是事与愿违。

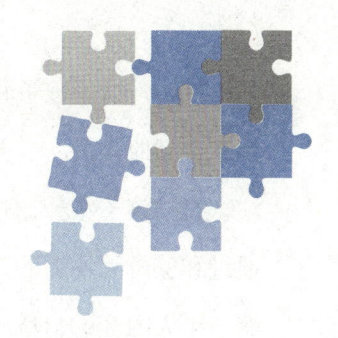

巧用霍桑效应，
提高孩子学习的积极性

霍桑效应，指的是当人意识到自己被关注时，会刻意改变自己的行为或言语表达的一种心理现象。

美国芝加哥郊区有一家名叫霍桑的工厂，设备先进，员工的福利优越，但是生产效率却不高。心理学家乔治·梅奥受工厂之邀进行实验，帮助工厂找到影响工作效率的因素。梅奥在实验的过程中不断改变照明、福利措施等因素，却未提高工人们的工作效率。后来，梅奥等实验人员找参与实验的工人们谈话，工人们抒发了心中的不满和压力后，心情变得舒畅，工作效率和产能都得到大幅度的提高。

通过这个实验，梅奥得出结论：当人们意识到自己被关注时，就会刻意改变自己的语言和行为，发挥出积极性和创造性。这就是著名的"霍桑效应"。

父母要学会运用霍桑效应，激发孩子的潜能。

首先，给予孩子积极的关注和重视。心理学家马斯洛认为每个人都有得到他人关心、关注和赞美的情感需求。孩子天然需要父母的关注。有的孩子希望通过好成绩得到父母的关注和认可，有的孩子则会通过和父母唱反调的方式吸引父母的关注……被他人关注时，能够唤醒一个人内在的自尊感、满足感和成就感。在学校，那些被老师关注的孩子通常会对学习更积极。所以，父母应该主动关注孩子的情绪，当孩子出现正向行为时，应及时给予肯定；当孩子出现负面行为和情绪问题时，父母要及时帮助解决。

其次，认真倾听，做孩子最忠诚的听众。当一个人有情绪时，往往希望诉说，希望他人能够倾听。很多父母缺乏倾听的能力，在孩子向父母诉说时，父母往往否定孩子的想法或忍不住对孩子讲道理。孩子会觉得父母不能理解自己，长此以往，就不愿再和父母袒露自己的心声，不再诉说自己遇到的问题。

所以，父母平时要鼓励孩子敞开心扉，让孩子大胆地分享自己的想法，宣泄自己的情绪。父母要珍惜孩子的信任，认真倾听，并给予一些积极的回应。这样，孩子才愿意不断地和父母分享自己的想法。

最后，要学会尊重孩子。尊重孩子，算是老生常谈的教育观点，但是很少有父母能够真的做到这点。孩子的自尊心是非常敏感、脆弱的，但父母总是会以"为你好"为由在一些事情上或在一些场合打击孩子的自尊心。父母一定要记住：孩子有强烈的被尊重、被肯定的情感需求。只有得到父母的尊重和肯定，孩子才能变得更加自信，更加有勇气面对学习和生活中的各种挑战。

运用自我参照效应，
提高孩子的记忆力

自我参照效应也被称为记忆的参照效应，是指记忆材料与自我相联系时的记忆效果优于其他编码条件的现象。通俗地说，就是如果学习的内容与我们自身有联系，我们学习时就更加有动力，且不易忘记。

父母如果将自我参照效应运用于孩子的学习，让孩子将学习知识与自身建立密切的联系，就能让孩子对学习产生浓厚的兴趣，有利于孩子消化知识，并可以使孩子融会贯通、学以致用。

父母要教给孩子联想记忆法。联想记忆法对孩子记忆知识非常有用，就是将知识点与孩子感兴趣的事物紧密联系起来，不但可以让孩子产生学习兴趣，知识点也会记得既快又牢。

父母要多利用体验式学习。教育家大卫·科尔曾提出经典的体验式学习模型，他认为学习不是内容的获得与传递，而是学习的内容和经历、体验在相互作用下一方对另一方的改变。体验式学习和自我参照效应的作用机制相似。父母可以多带孩子进行体验式学习，让孩子看得到、摸得到知识，这样，书本上的知识点不再是刻板的文字，而是孩子能够体验到的一种存在。

理论联系实际，在实践中学习。学习的目的不是背诵一堆文字，而是能够将知识融会贯通，运用于实践。而学习过程中的实践，有利于孩子加深对课本上的知识点的理解，甚至会让孩子有新的发现。所以，平时父母要鼓励孩子多动手、多实践，毕竟实践出真知。

越玩越聪明，
让孩子在游戏中学习成长

在有些父母心中，玩是浪费时间的行为。但有些心理学家认为，游戏（本节说的游戏并不是电子游戏，是科学的益智游戏）对孩子的认知发展至关重要。

心理学曾经做过一个比较性实验：将粉笔放在儿童的手够不到的地方，将3~5岁的孩子分为三组，让他们以各自的方法取到一支粉笔。第一组孩子可以看到成年人演示通过操作短棍和夹子取到粉笔的全过程。第二组孩子只能看到成年人取粉笔的部分过程。第三组是让孩子自己摆弄一些工具，成年人只是旁观而不参与、不干涉，让孩子自己边玩边探索如何取到粉笔。

最终实验结果表明，第三组孩子，也就是边玩边探索解决问题的孩子比第一、二组，也就是有成人帮忙解决问题的孩子们，把任务完成得更好。

其实，游戏有助于儿童成长，父母们不必谈"玩"色变。父母养育孩子时应该寓教于乐，充分认识游戏的重要性，并为孩子提供合适的游戏机会。现代心理学家让·皮亚杰提出让孩子在"玩中学、学中玩"的教育理念，提倡积极引导儿童在学习和生活中将玩和学结合起来。

父母很爱孩子，在日常生活中总是担心孩子这也做不好，那也做不好，于是替孩子做好一切。比如，幼儿园的手工作业是老师布置给孩子的任务，但有些父母却越俎代庖，由自己代替孩子去做，不但自己费心费力，幼儿园老师看着出自成人之手的作业也一脸无奈。父母代劳，阻碍了孩子的能力发展，是造成现在很多孩子生活自理能力不强的重要原因之一。

既然游戏对于儿童的成长如此重要，父母就要充分利用游戏，让游戏发挥其作用。

第一，利用游戏锻炼孩子的动手能力和基本生活技能，让孩子在参与游戏的过程中，锻炼发现问题、解决问题的能力。父母要给孩子提供良好的游戏环境，不要害怕孩子在游戏中弄脏了衣服等，在保证孩子安全的情况下，尽情地让孩子享受游戏的过程。

第二，父母要多给孩子提供游戏的机会，不要过分限制孩子玩游戏。有些父母为了让孩子专心学习，便杜绝孩子玩游戏，这无疑是一种错误的做法。心理学中有一个"禁果效应"——父母越不让孩子做什么，孩子越是要做什么。所以，父母不如大胆放手。其实玩游戏和学习并不矛盾，孩子在游戏中可以进行各种各样的探索、操作，可以发挥想象力。

要记住：让孩子快乐地游戏，对孩子身心的全面协调发展有至关重要的意义。

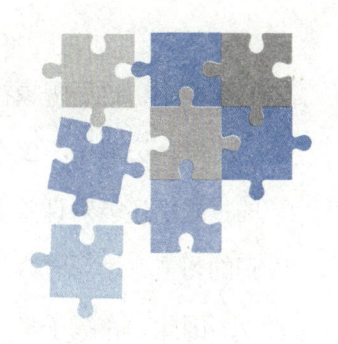

运用备忘录效应，
教会孩子做笔记

中国有句俗语"好记性不如烂笔头"，记忆力再好，都不如用笔记下来。记忆心理学中的备忘录效应讲的就是这个现象，人用笔把想要记忆的内容记下来，能达到增强记忆的效果。

心理学家巴纳特曾经做过一个实验，研究"做笔记"与"不做笔记"对学生听课学习效果的影响。他把学生分为A、B、C三组：A组为边听课边记笔记；B组为老师先为其提供学习要点，学生边听课边看要点；C组则为只听课不做任何笔记。在听完课后，巴纳特对所有学生进行了测试，检查学生的课堂学习成果。

通过这次实验，巴纳特发现：一边听课一边动手记笔记的A组学生的学习效果最好；而边听课边看要点，但不动手做笔记的B组学生的学习效果次之；纯听讲不做笔记的C组学生学习效果最差。在记忆心理学中，这种现象被称为"备忘录效应"。

学会记笔记不仅有利于提高孩子在课堂上的学习效率，在记笔记的过程中还能对课堂上所学的知识进行巩固。如果没有在课堂上记笔记的习惯，学习时容易抓不住重点，学习效果差。

因此，在孩子学习习惯的养成阶段，父母就要引导孩子养成做笔记的好习惯。

第一，给孩子准备不同的笔记本和不同颜色的笔，让孩子用不同颜色的笔记下每堂课的重点和难点。孩子记下重点和难点后，在复习时可以对照笔记，这样，复习时有系统、有条理，复习效率也更高。每堂课的笔记之间可以留下一些空白之处，这样，在后续的复习过程中可以进行补充，查漏补缺。

第二，父母要教会孩子用构建"知识树"的形式做笔记。构建"知识树"就是把零散、单一的知识点串联起来，形成系统的知识体系。孩子在构建"知识树"的过程中，可以更深刻地理解知识。"知识树"笔记法非常形象、直观，对于孩子学习新知识和巩固旧知识都非常有益。

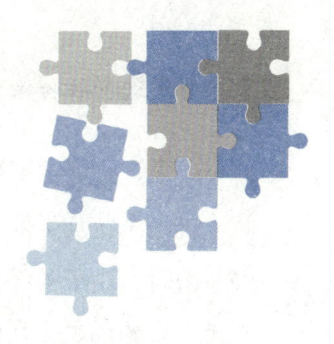

巧用鸡尾酒效应，
提高孩子的专注力

我们都知道，一般来说，在鸡尾酒会上，各种声音混在一起，非常嘈杂，但是两个交谈的人可以忽略嘈杂的背景，将注意力集中在对方的谈话上，顺利地完成沟通。也就是说，当人的听觉注意力集中于某一方面时，意识会将一些无关的声音排除在外。

鸡尾酒效应是心理学中选择性注意的经典现象。选择性注意是个体在同时呈现的两种及以上的刺激中选择一种进行注意，而忽略其他的刺激，因为人不可能同时注意所有同时呈现的刺激。心理学家彻里在1953年做过下面这样一个实验，验证了鸡尾酒效应的存在。

彻里将参与实验的志愿者分为三组，在他们的耳边分别播放不同的录音材料。彻里要求第一组志愿者们关注左耳中播放的内容；彻里让第二组志愿者的双耳同时接收信息；对于第三组，彻里则设置了一些靶向词，要求志愿者无论哪只耳朵听到靶向词时都要做出反应。

实验结果表明，人耳确实会对听到的信息进行选择，被注意到的内容会被进一步传输到脑中，而没被注意到的内容则被舍弃。

后来，心理学家布罗德本特根据这个实验提出了过滤器理论。他认为神经系统加工信息的容量有限，当信息通过各种感觉通道进入神经系统时，由于神经系统的过滤机制，只有部分信息获得通过，并接受进一步的加工，其他信息则被阻断在外面。

有的孩子注意力不集中，上课常走神儿，对于父母的叮嘱也总是"左耳朵进右耳朵出"。科学研究发现，注意力集中与否直接关系到孩子的学习效果。学霸并非都是智商超群的，但他们都有很好的专注力，在学习时能够将注意力集中于所学的内容上。

父母如果想提高孩子的专注力，一定要学会利用鸡尾酒效应。

首先，父母要学会抓住孩子的注意力，激发孩子的兴趣，成为孩子注意力关注的对象。就像鸡尾酒会上，交谈双方的声音是彼此的关注内容，其他声音不过是一种背景。所以，父母在和孩子沟通时，一开始就要吸引孩子的注意力，要使孩子把我们当作注意的对象。

其次，父母可以培养孩子的听觉注意力，适当对孩子进行听写训练。在课堂学习中，孩子主要通过"听"和"看"进行学习，而"听"又是培养孩子注意力的重要一环。父母平时对孩子进行适当的听写训练，孩子在听写过程中就会集中注意力，专注力会逐渐得到提升。

最后，培养孩子抵制外界刺激的能力。孩子在学习的过程中，容易被外界的刺激所吸引，比如汽车鸣笛的声音等。孩子容易被外界刺激吸引，归根结底是因为没有紧迫感。父母在日常生活中，可以对孩子做事的时间进行规定，培养孩子的时间观念，这样一来，孩子在学习时就不会因为总是被外界的刺激所吸引而受影响。

"胡萝卜加大棒"理论：
制定明确的奖惩规则

"胡萝卜加大棒"理论指的是一种管理手段，即通过明确的奖惩规则来激励个体达到目标。"胡萝卜"指的是奖励，"大棒"指的是强有力的惩罚手段。"胡萝卜加大棒"这种比喻则是对斯金纳的强化理论的生动描绘。

强化理论是著名心理学家斯金纳经长期实验研究后提出的，该理论认为人都是趋利避害的，一个人为了达成某种目的，会采取一定的行动。当这个行动对他自身有利时，他就倾向于重复这一行动；相反，如果这个人在行动中受到了负面刺激，就会减少甚至停止该行动。

心理学家将实验用的白鼠分为三组，分别放到三个透明的T形管中，实验的目的是让白鼠养成往T形管右边走的行为模式。在第一个T形管中，右端放奶酪，左端放电击棒，是典型的"胡萝卜加大棒"组合；第二个T形管中，只在右端放了奶酪，左端什么也没有放；第三个T形管中，只在左端放了电击棒，另一端什么也没放。

最终，第一个T形管中的小白鼠形成向右边走的行为的成功率最高，也就是说，"胡萝卜加大棒"的方式对行为模式的养成最有效。而第三组——只有"大棒"——这一对照组的成功率最低。

在教育领域，学者们对"胡萝卜加大棒"理论持有两种观点：一种是充分肯定"胡萝卜加大棒"这种外部驱动力在教育中的作用；另一种则认为"胡萝卜加大棒"是一种短视的教育方式，应该让孩子自己产生内在驱动力，让孩子主动学习。

其实，"胡萝卜加大棒"理论在现实生活中的运用非常常见，比如学校的各种规章制度、公司的管理制度等都是常见的"胡萝卜加大棒"模式。孩子爱玩是天性，年纪小则缺少自制力，需要父母适当运用奖惩规则，帮助孩子养成一些良好的生活和学习习惯。只有奖励而没有惩罚措施，这样的教育是溺爱孩子。当然，"胡萝卜加大棒"并不是让父母真的去打孩子，而是一种在孩子没有形成学习内驱力前的必要手段。孩子一旦形成内驱力，即使没有"胡萝卜"和"大棒"，孩子也能自主学习。

父母在家庭教育中，可以利用"胡萝卜加大棒"理论，制定明确的赏罚规则。父母可以和孩子一起协商、制定规则，比如孩子每天使用电子产品的时间，每天读书的时间等。当孩子每次都能按时完成时，父母就要及时表扬和奖励。当然，奖励的形式可以多样化，不一定局限于物质方面。当孩子没有按照规定做应做的事项时，父母也要给予相应的惩罚。但父母要拿捏好惩罚手段和尺度，既要起到惩戒作用，又不伤害孩子的身心。

运用蔡格尼克效应，
帮孩子克服"拖延症"

有的孩子做什么事都拖拖拉拉，只要父母不发脾气，孩子就一直、一直拖延。如果你的孩子也有这种情况，那么蔡格尼克效应会帮助孩子有效克服"拖延症"。

20世纪初，心理学家蔡格尼克在一家咖啡馆就餐。她注意到，服务员能够毫不费力地记住所有未完成的订单，而一旦订单完成，相关信息就会从服务员的记忆中抹去。这一现象引发了蔡格尼克的好奇心，最终促使她研究并创立了"蔡格尼克效应"。

蔡格尼克效应指的是人们对于尚未完成的任务比已完成的任务的记忆更加深刻。同样，当孩子正在写作业却被打断后，孩子继续写作业时，相比于已经完成的作业，孩子对中断前正在写的作业的记忆更为深刻。

父母应该如何运用蔡格尼克效应帮孩子克服拖延的毛病？

第一，父母可以帮孩子把一个难度较大的任务分解成难度较小的多个小任务，确定以先易后难的顺序去完成，并对每个小任务设立清晰的完成期限。这样，孩子就可以对自己完成任务的进度进行有效的评估，内心清晰地知道已经完成的任务和下一步将要去完成的任务，就能逐渐克服拖延的毛病。

第二，让孩子养成立刻行动的习惯。父母协助孩子将任务分解后，要鼓励孩子立刻开始做一个简单的任务。比如孩子学习汉字时，我们可以先让孩子学习几个词语。关键在于：任务分解后，孩子要立刻去做。一旦孩子开始做任务，他原先的抗拒情绪等就会逐渐消散，即使在任务完成一半时父母让他暂停，他心中也会想着还没完成的任务，之后会自觉地去把任务完成。

第三，父母要多提问，激发孩子的好奇心和自主学习的兴趣。根据蔡格尼克效应，孩子对自己没有完成的思考，有继续思考下去并求得结论的心理需求。因此，父母要学会在日常生活中提出问题，并且带领孩子一起寻找问题的答案。在寻找答案的过程中，孩子解决问题的欲望以及学习兴趣都会增强，会逐渐克服做事拖延的毛病。

不要让过度理由效应
毁坏孩子的学习兴趣

6岁的可可非常喜欢画画，也非常有绘画天赋。可可的爸爸为鼓励可可，每当可可画完一幅画，就奖励可可一颗糖果，于是可可画画的动力大增，从过去每天画一两幅画，变成现在每天画四五幅画。但是可可妈妈觉得吃糖太多会长蛀牙，便停止给可可奖励糖果。结果，可可一幅画也不愿画了。

上面可可的例子就是家庭教育中常见的过度理由效应。过度理由效应是心理学家德西通过实验发现的一种心理学现象，指的是当一个人的行为原本由内在动机驱动，如果引入了外在的奖励或理由，就可能会减少或取代这个人原有的内在动机，导致对行为的控制由内部转向外部。例子中，原本可可喜欢画画是出于个人兴趣，是由内部动机驱动的，但是当糖果奖励出现后，这个附加的理由就成为可可画画的主要动力了，画画的内部动机被取代了。

我们在工作中也存在类似的情况：奖励会在某种程度上使员工保持高涨的工作热情，但是如果在很长一段时间内奖励保持不变，奖励就会成为工作的过度理由；员工一旦失去奖励，或者奖励无法满足其需要，工作效果反而会不如实施奖励之前。

父母在教育孩子的过程中要警惕过度理由效应，尽量减少对孩子物质和金钱的奖励。父母要懂得：奖励是一种策略，更是一种艺术。奖励不应只是单纯的物质刺激，还包括精神方面的鼓励。要想使孩子持续不断地努力，父母就应该激发孩子内在的驱动力，而不能只靠外在奖励。因为一旦孩子觉得学习是一种与外在奖励挂钩的"工作"，当父母停止给予孩子奖励后，孩子很可能失去学习的动力，不爱学习了。

除了正面奖励的过度理由效应，还有因为父母严厉管教而出现的过度理由效应。有些父母在孩子小的时候对孩子的管教非常严格，本来孩子对学习很感兴趣，但是因为父母的教育过于严格，孩子将"避免被父母责骂"当成主要理由，用其取代了原本的"兴趣驱动"。随着孩子年龄的增长，即便父母的教育方式变得柔和，但"避免被父母责骂"和"兴趣驱动"这两个主要动机都已经消失，孩子在学习方面反而可能变得很消极或很叛逆。

所以，根据过度理由效应，只有孩子拥有足够的内在动机，把"我服从"变为"我愿意"，才可以发挥出学习的主观能动性，不断克服困难，取得更好的成绩。因此，父母一定要尊重孩子心理方面的客观规律，尽量做到顺其自然。

第七章

指导孩子建立良性社交关系，父母应该懂的心理学

构建良性亲子依恋关系，
为孩子未来发展打好基础

依恋关系理论最早是由学者约翰·鲍尔比提出的，指的是婴儿和其照顾者（父母）之间形成的强烈情感联结，产生于婴儿与其照顾者相互作用的过程中，是一种感情上的联结。他认为依恋关系是人类适应生存的重要方面，由于刚出生的婴儿没有任何自保能力，只有依赖照顾者的保护才能生存下去，依恋关系是婴儿的自我和外界互动的方式。人在幼年期产生的依恋关系甚至会影响其成年后亲密关系的构建。

1935年洛伦茨发现了婴幼期的动物印刻现象，也就是：刚出生的小动物追逐它最初看到的能活动的生物，并对其产生依恋之情的现象。比较心理学家哈利·哈洛则进一步通过动物实验，证明了洛伦茨的观点。

哈洛将新生的小猴子和母亲分离，让小猴子和两个人造的妈妈在一起。其中一个妈妈是用冰冷的铁丝做成的，"铁丝妈妈"的胸前绑着奶瓶；而另一个妈妈是用布料做成的，没有奶瓶。食物是小猴子生存下去的关键，但小猴子除了在喝奶的时候会待在铁丝妈妈身边外，其余时间都会和柔软、温暖的"布料妈妈"在一起。当小猴子受到惊吓时，第一反应也是回到"布料妈妈"身边寻求保护。

哈洛在实验中发现：与母猴隔离饲养的幼猴，成年后会遭受严重的情绪和社会问题，无法形成良性依恋关系，性格好斗，且与其他猴子交流和协作时有困难。哈洛的实验证明了依恋关系的重要性。

发展心理学家玛丽·安斯沃斯曾与同事进行了著名的陌生情境实验。实验结束后，玛丽·安斯沃斯将幼儿的依恋关系分成三种：安全型依恋关系、回避型依恋关系以及矛盾-对抗型依恋关系。

第一种，处于安全型依恋关系的幼儿，他们在母亲在场时，把母亲当作安全堡垒；当母亲离开后，他们会变得沮丧；当母亲再次返回时，他们又会变得开心。

第二种，处于回避型依恋关系的幼儿，无论母亲是否在场，他们的情绪都不会发生明显的波动，甚至在母亲在场时还会选择性无视。

第三种，处于矛盾-对抗型依恋关系的幼儿，在母亲离开时，幼儿会表现得非常不安，但当母亲重新返回时，他们并不会开心，无法被轻易安抚。

心理学家辛迪·哈赞与菲利普·谢弗则将依恋关系拓展到了成人，他们认为成人世界中个体与他人互动的方式就是婴幼儿时期和父母互动方式的延伸。父母的养育方式和婚姻质量都会影响孩子依恋关

第七章　指导孩子建立良性社交关系，父母应该懂的心理学

系的建立。幼儿期与母亲的互动方式会影响孩子依恋关系的建立。母亲是孩子最初获取安全感和情感的对象，当母亲能够准确理解和回应孩子的需求时，孩子更容易建立安全型依恋关系；当孩子无法从母亲那里获得积极的反馈时，孩子就可能无法建立起安全的依恋关系。父母的婚姻质量也会影响孩子依恋关系的建立。如果在孩子婴儿时期，父母经常争吵，那么孩子在婴儿期就会形成对照料者不信任的认知，这个认知会伴随他整个生命历程。

首因效应不容忽视，
给他人留下良好"第一印象"

首因效应也称第一印象效应，指的是交往的双方第一次见面形成的印象对今后的交往关系的影响。第一印象往往鲜明、深刻且牢固，常常造成"先入为主"的偏差。

心理学家卢钦斯为了证明首因效应而进行了一个心理学实验。他准备了两段文字材料，第一段文字材料将他的助手吉米描述成一个热情、开朗、外向的人，而第二段文字材料则将吉米描述成一个内向、阴郁的人。然后卢钦斯将参与实验的志愿者分成四组，第一组拿到的材料的前半部分描述吉米的外向性格，后半部分描述吉米的内向性格；第二组则相反，拿到的材料中先描述吉米的内向性格，再描述他的外向性格；第三组志愿者只看到描述吉米性格外向的材料；第四组志愿者只看到描述吉米性格内向的材料。

实验结果表明，第一组志愿者中有78%的人认为吉米的性格是外向的；第二组志愿者中只有18%的人认为吉米的性格是外向的；第三组志愿者中约有95%的人认为吉米的性格是外向的；第四组的志愿者中只有3%的人认为吉米的性格是外向的。卢钦斯证明了首因效应的存在，即先呈现的信息比后呈现的信息有更大的影响作用。

首因效应在日常生活中非常常见。比如人们在参加面试或者进行人际交往时，会特别注意给别人的第一印象。如果第一印象不好，那么后面再努力也很难扭转。人们对一个人产生的第一印象相当于给这个人贴上了一个标签，以后再见到这个人时，会有一定的倾向性。所以，我们在结交新友、工作面试时，要适当利用首因效应，提高自己在对方心中的好感。

5岁的小薇和苗苗是好朋友，经常在小区的广场上玩。小涛是个小男孩，家刚搬到小区。小薇之前没见过小涛，但是她听苗苗说过小涛的脾气很坏，所以即便小涛第一次见到小薇时，和小薇分享了好吃的糖果，但是小薇还是对妈妈说她不喜欢小涛。

这其实就是首因效应的负面影响，5岁的小薇根据朋友苗苗的描述，在心中对小涛产生了不好的第一印象。在之后两人的交往中，虽然小涛并没有做惹小薇不开心的事情，甚至主动分享了糖果，也没能扭转小薇对他的第一印象。

明智的父母要告诉孩子：不要仅通过别人的嘴巴认识一个人，而要在亲身交流中认识一个人，这样才能避免首因效应的负面影响，才有可能收获真正的友谊。

父母应如何帮助孩子利用好首因效应，建立良好的人际关系呢？

首先，父母要告诉孩子，一定要注意外表整洁得体。在人际交往中，整洁得体的外表是一种礼貌，表达了对对方的尊重，也在一定程度上反映了个人的内在素养。

其次，父母要教给孩子，人际交往中态度要谦和有礼貌，时常面带笑容。因为有时一个微笑能瞬间拉近彼此的距离，容易让对方产生亲和感。可以记下第一次交往的人的名字，下次见面时自然地喊出对方的名字，会增加双方的亲近感。

还有，和对方交流时要寻找共同感兴趣的话题，这也是建立起友谊的关键。

纽科姆理论：
在人际交往中寻找共性

著名心理学家西奥多·纽科姆在1953年提出对称理论，这一理论又称纽科姆理论，重点解释了群体形成的"A-B-X"模型。该理论认为个体之所以相互交往并形成群体，是因为他们有相同的态度和价值观。

纽科姆曾经进行过一个心理学实验，他选取了17名互不相识的大学生作为实验对象，对他们的人际关系的形成和发展进行了4个月的追踪研究。在实验开始前，纽科姆对实验对象进行了测试，了解了他们在许多方面的态度和价值观。经过4个月的实验，他发现相同的态度和价值观是吸引个体进行友好交往的重要因素。这个实验结果表明：人更容易被态度和价值观相似的人吸引。

纽科姆理论提醒我们：如果想与他人建立良好的社交关系，可以通过寻找共同的兴趣爱好、价值观等方式，促进人际关系的发展。

父母该如何帮助孩子利用纽科姆理论，建立良好的人际关系呢？

父母可以帮助孩子发现自己和其他小朋友共同的兴趣爱好，这是小朋友间建立友谊的开始。父母可以鼓励孩子参加兴趣小组等，和有相同兴趣的孩子进行交流、玩耍，这样更容易结交到志同道合的朋友。

培养孩子的合作精神。父母可以鼓励孩子去帮助遇到困难的小朋友，或和其他小朋友分享玩具和零食等，这样，孩子不但可以感受到帮助他人的快乐，还能收获一份良好的人际关系。

教导孩子尊重他人和自己之间的差异。通过纽科姆理论，我们可以知道人通常对与自己差异较大的人很难产生好感。但如果只结交那些各方面和自己相似的人，无疑是限制了自己。所以，父母应该鼓励孩子尊重他人和自己之间的差异，告诉孩子，每个人都有自己的特点，不能因为别人和自己的爱好等不一样就排斥。

警惕观察者偏见，
避免错误地引导孩子

观察者偏见指的是因观察者个人的动机、预期或以往的经验等，而对事物的理解出现偏差或错误。

小亮的班主任和各科老师交流时发现，不同学科的老师对小亮的评价截然相反：数学老师说小亮非常聪明，平时上课也很认真，是个好苗子；英语老师却给出了截然相反的评价，她说小亮平时在课堂上看似在听课，实则在神游，每次提问都一问三不知。

老师对小亮的评价不同，有可能是因为观察者偏见。比如，如果英语老师先入为主地觉得小亮上课不认真听讲，就算小亮再怎么认真听课，她也觉得小亮常走神；而数学老师最初就觉得小亮聪明，即便小亮偶尔走神，他也觉得小亮在认真思考。观察者偏见最常见的是晕轮效应，就是人们对他人的认知和判断首先基于个人的初步印象，然后从这个印象出发，推论出他人的其他特质。通常，人们看见的和听见的往往只是自己所预期的，而不是事实的本来面目。

在成人的眼中，孩子都是天真无邪的，是不会说谎的，因此父母会无条件地相信孩子所说的话。

一个幼儿园老师曾经做过这样一个实验。在孩子午睡时，老师在每个小朋友身上都贴了一枚创可贴。小朋友醒来后，老师关心地问他们是怎么受伤的，几乎每个孩子都能绘声绘色地讲出自己是如何受伤的。孩子不会说谎——这只是父母对自己的孩子的观察者偏见。

观察者偏见广泛存在于师生、家庭成员中，观察者偏见负面的效应会产生非常坏的影响，父母切不可忽视。那我们应该如何规避观察者偏见呢？

首先，父母要避免对孩子进行主观臆断。要提醒自己用阶段的、发展的、整体的以及辩证的思维看待孩子的发展和教育，而不是只选择符合自己立场和情绪的部分进行判断。在孩子犯错后或者与别的小朋友发生矛盾时，父母不要着急下结论，而应该等自己冷静后再做判断。

其次，父母不要对孩子抱有太多不切实际的期待。否则，一旦孩子的行为不符合自己的期待，没有达到预期，父母就可能心生埋怨且无法接受，当初对孩子的期待反而变成了自己和孩子双方的心理负担。

最后，父母要多与孩子沟通、商量，尊重孩子的意见，避免"非这样不可"的执拗。很多比较强势的父母，总让孩子必须按照自己的意志办事，否则就对孩子进行各种责骂。其实，父母这样的行为，非但不能让孩子听话，反而会激发孩子的逆反心理，对父母敬而远之，造成亲子关系疏离。父母要始终把孩子当作独立的个体，不要把自己的想法强加在孩子身上，要尊重孩子的想法。

懂得倾听：
良好人际关系形成的关键

倾听在心理学领域占据着非常重要的地位。从社会心理学角度来看，倾听对人际关系的建立和维护至关重要。用心理学中的自我暴露理论来解释，人在建立亲密关系时往往会通过自我暴露，也就是向别人说心里话，坦率地表露和陈述，以加深彼此的了解，而倾听就是促进对方进行自我暴露的重要方式。当一个人感受到对方在认真地倾听自己诉说，就会更愿意敞开心扉，更多地分享自己的内心世界。相互进行自我暴露有利于良好人际关系的建立。

生活中，有些父母总是对孩子强调要守规矩，很少真正倾听孩子的心声，或很少与孩子交流。有些父母常用生硬的方法管教孩子，使孩子不敢和父母交流，亲子间心理距离不断拉大。这有可能导致孩子成年后产生人际交往困难。

在儿童发展心理学中，倾听十分重要。教育部印发的《3—6岁儿童学习与发展指南》，在幼儿期语言领域的学习目标中强调了倾听与表达能力的培养。幼儿语言能力发展首先是从倾听开始的。在孩子的学习生涯中，倾听是非常重要的学习手段，会倾听才会学习。更重要的是，孩子善于倾听，更容易拥有良好的人际关系。因此，父母不仅要学会做孩子的倾听者，也要培养孩子良好的倾听习惯。

在日常生活中，父母要引导孩子安静地聆听他人发言，不去打断对方，等对方说完再发表自己的看法。让孩子养成先用耳朵听，边听边想，最后发表意见的好习惯。

父母要尊重孩子，和孩子之间要建立平等交谈的习惯。每天主动想出几个和孩子的生活密切相关的问题，和孩子聊一聊，时间可长可短，地点随意，养成与孩子聊天的习惯。当营造出"讨论"的情境时，父母可以静静地听，把更多时间给孩子，让孩子就某个话题说出自己的想法。

父母要抓住孩子的兴趣点。父母可以把孩子感兴趣的事情作为话题抛出，引发孩子发表见解，父母参与讨论和倾听讨论可以激发孩子表达的热情。经常这样锻炼，能提高孩子分析、理解和说明的能力。

梅拉比安沟通定律：
非语言沟通的力量

梅拉比安沟通定律又被称为"7-38-55定律"，由心理学家艾伯特·梅拉比安提出。梅拉比安认为在人际沟通中，只有7%的信息来自语言，38%的信息来自对方的语气、声音语调、肢体语言等副语言信息，55%的信息来自对方的非语言信息，比如仪容仪表、沟通的态度等。

非语言沟通是指通过非语言途径所呈现的信息，包括声音、肢体语言等，在人际交往中起到重要的作用。父母帮助孩子了解并掌握非语言沟通方式，有助于孩子建立良好的人际关系。

常见的非语言沟通方式有四种。

第一种，面部表情。这是最直观的非语言沟通的方式，比如，微笑表达喜悦，皱眉表达困惑与担忧等。

第二种，肢体语言。比如，点头代表认同，摇头代表否定。在课堂上，孩子如果坐直身体，专注地看着老师，这表明他在认真听讲；

如果孩子懒散地坐在椅子上，可能他在传达一种不感兴趣、不尊重的态度。

第三种，眼神交流。眼睛是心灵的窗户，眼神交流是一种非常强大的非语言沟通方式。持续的眼神接触，可以表明专注、真诚或感兴趣等，而眼神躲闪则可能是害羞、紧张等。

第四种，社交距离。在不同的社交情景中，人们会保持不同的社交距离。熟人之间的距离往往比陌生人之间的社交距离要近。

父母如何帮助孩子通过非语言沟通建立良好的人际关系？

保持良好的体态。父母可以引导孩子培养良好的体态，让孩子在和别人交流的过程中，不要弯腰驼背或者缩在角落等，而应抬头挺胸站直身体，展现出一种积极的形象。

鼓励孩子学会运用眼神交流。父母可以告诉孩子，在和别人交谈时，要看着对方的眼睛，表达出自己真诚和愿意倾听的态度。

引导孩子多运用面部表情。父母可以引导孩子多运用面部表情，比如以微笑点头等方式向他人表达善意和友好，这有利于孩子建立起良好的人际关系。

帮助孩子调整说话的方式。帮助孩子调节语音语调，让孩子的声音听起来亲切友好。父母可以通过讲故事的方式，让孩子知道不同的语音语调给人的感受不同。父母要教孩子控制语速，不要太快，也不要过慢。父母可以刻意地让孩子练习朗读，让孩子的表达更清晰、流畅、自然、自信。

了解蘑菇效应，
帮助孩子融入班集体

通常，蘑菇长在阴暗的角落，没有阳光，无人理睬，基本是自生自灭；只有长得足够高、足够壮，可以承受风雨和阳光时，才会得到人们的关注。同理，蘑菇效应是指有些人在集体中存在感低，像处于阴暗角落的小蘑菇一样处于一种无人理睬的状况，只有当他取得一定的成就后，才会得到他人的关注。许多人在成长过程中会经历一段默默无闻的时期，像蘑菇初长期一样。蘑菇效应在职场也很普遍，比如一个刚参加工作的新人，常常被安排去做一些不起眼的事情，他可能一直默默无闻地工作，直到因为工作出色而被重视。

比如在班级里，由于孩子较多，老师无法兼顾所有孩子，存在感低的孩子有可能像躲在角落里的安静的小蘑菇。

小雨今年8岁，成绩中等，性格偏内向，不太爱说话，班级、学校举办的活动，小雨都不会主动参加，且老师和同学总也想不起她。

在班里，小雨就像一个默默无闻、安静生长的小蘑菇。小雨的妈妈对这种情况有些担忧，害怕小雨这样下去会产生心理问题或被人欺负。

父母应该如何帮助孩子摆脱蘑菇效应呢？

首先，父母要帮助孩子培养出强大的内心，培养孩子抗挫折的能力。父母要及时化解孩子所经历的挫折感、失落感，帮助孩子养成正确的挫折观，让孩子能够做到胜不骄、败不馁，既能从成功中收获信心，展望更高的目标，也能从失败中总结经验，再接再厉，百折不挠。

其次，父母要鼓励孩子多表现自己。要鼓励孩子积极参加班级活动，这样不但可以让孩子更好地融入集体，还能够让孩子主动表现自己，主动获得别人的关注，孩子就不会是一直待在角落里的小蘑菇了。平时父母要多以欣赏的眼光看待孩子，发现孩子身上的闪光点，给孩子成长的空间和时间，鼓励孩子，要对孩子有信心。

儿童心理学家哈塔布曾说："预测一个孩子成年后的生存能力，不是看他现在的学习成绩，也不是看他乖不乖，能不能遵守课堂纪律，最好的也是唯一的方法，就是看孩子能不能跟其他孩子合得来。"因此，一个孩子是否具有融入集体的能力，对于他今后的发展起着至关重要的作用。

小凯放学回家后，对妈妈说："妈妈，在学校大家都不喜欢和我玩。"妈妈摸了摸他的头说："没关系，妈妈跟你玩。你在学校是学习的，不用去理他们。"

小凯告诉妈妈自己在学校里不能融入集体，其实是在向父母求助。小凯妈妈说"没关系，妈妈跟你玩"并不是好的解决办法，因为父母陪孩子玩，并不能代替孩子和同龄人之间的交往。在集体中，孩子可以学到如何合作、如何解决冲突、如何分配责任等。父母不能直接说一句"不用去理他们"就没事了。有些孩子之所以被欺负，就是因为不能很好地融入集体。

孩子融入集体是必要的，父母需要帮助孩子做到这件事。

父母在处理冲突、控制情绪、交朋友等方面可以给孩子做出示范，在潜移默化中，孩子也会学会如何与人相处。

父母可以和孩子常玩游戏，帮助孩子学习交朋友的方法。父母可以和孩子假设身处不同的社交场景，父母向孩子示范与他人主动交流的方法，然后让孩子重复、模仿。之后，孩子可在生活中运用。经过反复练习，主动与他人交流、沟通就会成为孩子的一种自然反应，对孩子来说，交友不再是难题。

父母平时要鼓励孩子扩大自己的交际圈子，让孩子找到那些友好、有共同兴趣爱好的人，发展友谊。

学会坐向效应，
让孩子轻松交朋友

在人际交往心理学中，人们把因为坐向位置不同而影响交往质量的现象称为坐向效应。

美国一位电视节目制作人因为自己的节目收视率低而感到烦恼。他制作的是一档辩论节目，却总是缺乏辩论高潮，每次都在气势不足中收场。他的一位心理学家朋友看了节目后，给他出了一个主意："把座位的方向改变一下。"也就是改变每个辩论者的坐向，由以往的并排而坐，改成两人相对而坐。这位节目制作人半信半疑地接受了这个建议。令他感到惊讶的是：自从改变了座位的方向之后，每次节目中的辩论都很激烈。不久之后，这个节目就成了一个热播节目。

坐向效应在日常生活中很常见，比如有些孩子明明已经把课文背得很熟，但当老师提问时，却因为紧张而背不出或背得磕磕巴巴。这是因为孩子站起来背课文时,会感受到老师直视的目光,于是产生一种压迫感。这是因为彼此正面相对时,老师的视线对孩子来说具有一种"对立性"。比如我们平时与人争辩时,总是在不知不觉中采取正面相对的姿势。如果彼此并排而坐或沿着斜线而坐,彼此的视线斜向交错,视线的"对立性"随之减弱,那么就可以避免产生心理上的对立状态。

父母可以利用坐向效应帮助孩子交朋友。

父母可以在家庭聚会或孩子生日派对等场合,有意识地安排孩子与其他小朋友坐在一起,且最好相邻而坐,这样可以增加孩子之间交流和互动的机会。

父母可以帮孩子组织一些活动,比如一起游学、做手工等,让孩子在活动中自然而然地坐在一起,这样做,既可以培养孩子的兴趣爱好,又可以促进孩子之间的沟通交流。

父母要引导孩子积极互动。当孩子们坐在一起时,父母可以多提出一些开放性的问题,比如"你们想去哪里旅游?""你们最喜欢的动物是什么?"等,激发孩子思考,为孩子们创造更多交流、互动的话题。

了解人际互动中的
互惠原理，让孩子学会分享

人际互动中的互惠原理是卡耐基在其著作《人性的弱点》中首次提出来的，如字面意思，指的是对于一种行为，应该用一种类似的行为回报，比如受到他人友善的对待，也应该做出友善的行为以回应。

康奈尔大学心理学教授丹尼斯·雷根做过一个实验，他邀请一些志愿者参加"艺术欣赏"活动，给一些画作评分。志愿者分为两组对画作进行评价。对第一组志愿者，雷根花钱买了饮料请他们喝；对第二组志愿者，雷根没有实施买饮料这个举动。"艺术欣赏"活动结束后，雷根说自己最近帮朋友销售彩票，问志愿者能不能花几美元帮忙。第一组志愿者大多很爽快地答应了雷根的请求，而第二组志愿者却大多拒绝了雷根的请求。

这个故事说明，接受了他人恩惠的人总是想要做点儿什么来作为回报,这种心理就被称为互惠原理。心理学家罗伯特·西奥迪尼在《影响力》这本书中将"互惠效应"(互惠原理)列为使人顺从的第一武器。

在家庭教育中,父母可以使孩子了解互惠原理,学会与他人相处。

第一,父母要教给孩子学会分享。分享是一种主动释放友善信号的行为,通常也会获得友善的回应,让孩子获得更多的朋友。父母要让孩子学会分享,只要是有益的东西,包括自己的想法、经验、食物等,都可以与他人分享。但是也要告诉孩子:要把握好分享的尺度,不要向他人泄露自己的隐私。

第二,融洽的相处和良好的合作能力是分不开的。一个懂得合作的人更容易适应环境并发挥出积极的作用。如果孩子不懂得合作,不懂得出手帮助他人,那么当他在学习和生活中遇到困难时,别人也很难去主动帮助他。父母平时可以多带孩子参与一些需要合作的活动和游戏,多带孩子参加集体活动,让孩子逐渐学会与他人合作,感受合作的快乐。

第三,父母要教孩子学会感恩。当别人对孩子做出友善的行为时,父母要告诉孩子懂得感恩,要教给孩子做出友善的回应。感恩教育并非只是教会孩子感恩父母,还要让孩子懂得尊重别人的付出,真诚地去感谢别人。长此以往,孩子就会拥有积极乐观的心态,会拥有幸福感很强的人生。

认识环境效应，
让孩子广交益友

环境效应在心理学中指的是个体的心理和行为会受到周围环境的影响。比如，环境的色彩、温度等变化可能对该环境中的人的心理产生一些作用。除了物理环境，人文环境也是环境效应中的重要因素。古代"孟母三迁"的故事，讲的就是人文环境对孩子的教育产生的作用。

环境效应背后的原理是：人类的大脑会根据周围的环境线索来解释和处理信息，环境线索在不知不觉间会影响人的心理状态和行为选择。

孟子小时候住在墓地附近，他玩耍时经常模仿出殡队伍中人们哭丧的样子，玩送葬的游戏等。孟母发现后，决定立即搬家。母子俩搬到集市附近居住，孟子又模仿起小贩叫卖的样子。孟母最后搬到一所学堂附近居住，孟子便开始模仿学堂中的学生读书，并变得很懂礼貌。孟母决定在此地长期居住。后来孟子进入学堂，用心读书，最终成为一代名儒。

孟母如果没有搬家，那么孟子可能成为一个普通的丧礼吹鼓手或小商贩，正是因为孟母的坚持，孟子才成为一代名儒。"近朱者赤，近墨者黑"，环境对人的影响是巨大的，它能在潜移默化中改变人的思想行为。这一点在孩子身上体现得最为明显。

教育家玛丽亚·蒙台梭利在研究中发现，环境确实会影响人类的学习能力。她曾举过一个例子来说明自己的观点：原始部落刚出生的小女孩被带到法国，在法国社会生活18年后，她与大部分法国人一样说着法语，信仰基督教，与普通的法国人无异。这个例子说明：儿童有从外部环境吸收知识的天性。

因此，父母在教育孩子的过程中，要特别注重环境对孩子的影响。

首先，父母要给孩子提供适合学习的环境。充满噪声以及杂乱无章的环境可能使孩子情绪烦躁，从而影响学习的心情。因此，父母要尽量为孩子选择或营造良好的环境，并注重家庭的整体学习氛围。父母如果本身就有学习和阅读习惯，在家庭氛围的熏陶下，孩子也会对学习充满兴趣。

其次，给孩子提供温暖安定的家庭氛围。家庭气氛和睦快乐，父母与孩子关系融洽，有益于孩子身心健康。

最后，父母要留意孩子在学校交往的朋友。父母要尊重孩子自由交友的权利，但也不能忽视朋友对孩子的影响。良师益友能对孩子有积极的影响，而如果交友不慎，则很可能使孩子坠入深渊。一旦孩子遇到损友，父母要及时提醒孩子，并和孩子充分沟通。

社会意向性：
高情商的基石

社会意向性是指个体对他人的心理状态（如意图、愿望、情绪等）的认知，并根据他人的行为进行解释和预测的能力。这种认知过程涉及个体如何解释和预测他人的行为和言语，以及如何根据这些解释来预测和影响他人的行为。社会意向性不仅关乎个体如何感知和理解他人的心理状态，还包括个体如何通过自己的行为来影响或回应他人的心理状态，从而在社交互动中实现有效的沟通和协调。

孩子在1岁左右，开始表现出对他人行为的一些简单理解。比如，会跟随他人的目光看向某个方向，这表明孩子可以意识到他人的注意力针对不同事物。孩子在2岁左右，可以理解他人的简单愿望。随着孩子的年龄不断增加，他们能够理解他人更为复杂的心理状态，比如他人隐藏的情绪等。

父母如何提高孩子的社会意向性，培养孩子的高情商？

父母要在日常的亲子互动中培养孩子的社会意向性。比如，父母可以通过讲故事的方式，让孩子理解故事中人物的想法和感受；父母可以和孩子一起扮演故事中的角色，让孩子体验不同角色的心理状态；父母要在亲子互动中进行引导。比如，父母给孩子讲《三只小猪》的故事时，可以问孩子："大灰狼为什么要吃掉小猪？小猪又会想什么呢？"通过提问，引导孩子思考故事中人物的心理状态。

父母要鼓励孩子多参加社交活动。孩子和小伙伴一起玩耍、活动时，有机会观察和理解他人的行为和心理状态，这也能够培养孩子的情商。

父母要多和孩子一起阅读书籍或观看影视作品，并和孩子一起讨论作品中人物的心理状态和做法，帮助孩子理解不同人物的情绪和意图，提高孩子的社会意向性。

第八章

培养孩子正确的金钱观，父母应该懂的心理学

红苹果效应：
身教胜于言教

心理学家曾进行过一个实验，参与实验的若干对母子被分成A、B两个小组，每组的桌子上放着两个红苹果。A组的母亲将其中的一个苹果递给儿子，郑重其事地对他说："这个苹果还没熟，一点儿也不甜，你不能吃。"母亲不品尝苹果并快速离开房间。B组的母亲对儿子说完同样的话之后，拿起一个苹果，一边吃一边离开房间。

实验结果表明，A组中的大部分孩子都听从母亲的话没有吃苹果，但是B组中有90%的孩子经受不住诱惑吃了剩下的那个苹果。

这个实验呈现的结果就是红苹果效应，对人们的启示是：父母教育孩子时，身教的效果要比单纯的语言教育的效果好，生活中，父母要重视并切实做到以身作则。而对孩子进行金钱方面的教育，红苹果效应同样适用。

曾有教育家说过："金钱教育是人生的一堂必修课。"一个人的金钱观往往是在家庭中形成的，也就是说，父母对金钱的态度会影响孩子的金钱观。

父母不要羞于跟孩子谈钱。每个人都必须和钱打交道，钱是我们辛苦劳动的回报，我们以合理、合法的方式获得金钱，没必要对孩子遮遮掩掩，要光明正大地和孩子讨论金钱。

父母要让孩子养成开源节流的理财习惯，既要让孩子开阔眼界，学会寻找赚钱的机会，也要让孩子学会合理使用金钱。父母要以身作则，帮助孩子养成健康的金钱观。

父母要避免以下几种错误的做法，以免让孩子养成错误的金钱观。

第一种，过度节约，"穷养"孩子。父母总对孩子夸大自己的不容易和家庭的困难，以此让孩子对自己感恩。可是，这些父母不知道的是：如果孩子从小在物质方面得不到满足，总有匮乏感，长大后要么有种"低配得感"——每当花钱的时候就有负罪感；要么经常进行报复性消费，以弥补自己童年内心的缺憾。

第二种，父母花钱总是大手大脚，经常有超出自己能力的消费。父母有这样的示范，孩子也很可能养成不做计划、冲动消费、花钱大手大脚的习惯，难以养成好的消费观念和习惯。

第三种，父母总是羞于和孩子谈钱，给孩子造成一种仿佛一谈钱就是不正直、不正常的感觉，甚至有羞耻感。孩子长大后，工作或付出劳动时很可能耻于谈钱，甚至可能被别人利用这一特点，有时做了很多事情、付出很多劳动却得不到应有的回报。

父母请务必审视自己的金钱观以及生活中和金钱有关的行为，改掉上述不良的金钱观，这样，孩子才可能拥有正确的金钱观。

破除鸟笼效应，
让孩子做理性消费者

鸟笼效应是由心理学家詹姆斯发现的，指的是人们会在偶然获得一件原本不需要的物品后，会继续添加更多与之相关的物品。

詹姆斯和朋友打赌，他说不久之后就会让朋友养一只鸟，朋友不信，因为自己从来没想过要养鸟。几天后，刚好是朋友的生日，詹姆斯送给朋友一个鸟笼作为生日礼物。朋友说自己只会把鸟笼当作工艺品，绝不会养鸟。但是朋友家每次来客人，他们看到空空的鸟笼，都会问："你养的鸟去哪儿了？"朋友只好一次次向客人解释，说自己从来没养过鸟，但是他的回答换来的常常是客人困惑和不解的目光。无奈之下，詹姆斯的朋友只好买了一只鸟，让鸟笼的存在显得顺理成章。

这就是著名的鸟笼效应。美国哈佛大学经济学家朱丽叶·施罗尔也提出了类似的观点，她认为人们在拥有一件新的物品后，总是倾向于不断配置与其相适应的物品，以达到心理的平衡。在现实生活中，这一现象普遍存在，比如买了好看的衣服后，为了搭配这件衣服，继续买鞋子和首饰等。鸟笼效应在金钱观上表现为人们可能会因为某种原因而花费更多的钱，而不是基于实际需求。我们也常陷入这样的消费陷阱中。

鸟笼效应看似很微小，但是如果我们不懂得克制欲望，不理性消费，很可能产生严重的后果。

孩子的一些行为也经常表现出鸟笼效应。比如，孩子得到一个新的笔记本电脑后，本来有用起来很不错的耳机，却会去买新的耳机等，产生不理智的消费行为。

父母如何帮助孩子克服鸟笼效应呢？

要让孩子学会正视自己的需求，根据自己的实际需要去花钱。比如，父母可以让孩子完全掌握他自己的零花钱，但要帮助孩子养成做花钱计划和记账的习惯，记录下每一笔花费，之后让孩子复盘，看有哪些花费与当初自己的花钱计划无关，是根本不需要花的钱。

不要被外界环境所影响，不要跟风，不要随波逐流地消费。比如，电商平台总有层出不穷的营销活动，看似划算的购物方案，实际上让消费者买了很多自己并不需要的东西。父母要培养孩子正确的消费观，让孩子不虚荣、不攀比、不跟风、不盲从，只从自身需求出发购买适合自己的商品。

正向利用鸟笼效应，培养孩子储蓄的习惯。比如，父母可以送给孩子一个好看的存钱罐，这个存钱罐就起到了鸟笼的作用。孩子就会主动地把自己的零花钱拿出一部分放在存钱罐中，进而一步步养成储蓄的好习惯。

了解沉没成本效应，
让孩子懂得及时止损

　　沉没成本效应是一种心理学现象，指的是人们为了避免损失带来的负面情绪，而沉溺于过去的付出，选择非理性的行为方式。

　　沉没成本效应的作用机制是人都有损失厌恶的心理。心理学家卡尼曼和特沃斯基通过研究发现，人们因为损失而产生的痛苦感要大大超过因为获得而产生的快乐感。所以，当一个人对某件事付出了金钱和时间成本却出现损失，为了避免体验损失带来的不适感，就算明知道继续投入金钱和时间是不理智的决策，仍会不停地继续投入。

　　小志不顾爸爸妈妈的反对，用自己全部的零花钱买了一个非常贵的玩具。他拿到手玩了一会儿后，发现这个玩具并没有想象中那么好玩。但是因为这个玩具是自己当初花了很多钱买的，现在虽然不是很满意，自己并不是很开心，为了不被爸爸妈妈唠叨，小志还是继续玩这个玩具，而不去做其他更有意思的事情。

这个例子其实就是小志付出了沉没成本，为了避免产生损失厌恶，而继续做出不理智的决策。孩子相较于父母及时止损的能力相对较弱。这使得孩子在受到沉没成本效应的影响时，更难去终止错误的行动与付出，更难以应对失败结果给他们带来的损失。

经济学中有个观点，那就是沉没成本不参与重大决策。当孩子不再喜欢某件物品或不再喜欢做某件事，但是因为过去对这件物品或这件事付出了不菲的金钱或时间，因而无法做到及时止损时，父母可以给孩子一些建议，帮助孩子克服沉没成本效应，同时树立正确的金钱观。

父母可以给孩子养成"断舍离"的思维。父母可以定期清理一些家里不需要的物品，可以带孩子一起摆地摊卖掉，或者捐赠出去。孩子学会断舍离思维，有助于孩子知道自己想要什么，不想要什么，从而也可以学会摆脱沉没成本的影响，能够学会对自己之前的错误决策进行大胆的"舍"与"离"。

父母可以告诉孩子家里的钱是怎么来的，比如带孩子参观自己工作的场所，让孩子了解自己的工作内容，让孩子知道家里的钱是父母辛勤劳动获得的，金钱并不只是手机屏幕里的一个简单的数字。在家庭教育中，父母可以给孩子一些可以赚取零花钱的小任务，比如让孩子参与一些简单的家务劳动，孩子完成后父母可以奖励一些零花钱。父母还可以带孩子摆个小摊，让孩子体会赚钱的不易，等等。

警惕晕轮效应，
别让孩子落入消费陷阱

  晕轮效应被认为是人类难以摆脱的十大心理现象之一，指的是人们在对他人进行评价时，会依据个人的喜好得出最初的判断，再根据这个判断去推测认知对象的其他品质，形成一种或好或坏的成见。

  简单地说，就是人们会先入为主地对某个人产生或好或坏的印象，就像在云雾的作用下，太阳或月亮的光辉扩散到四周，形成光晕，使得人们没办法客观地对其做出评价。这就是晕轮效应。

  晕轮效应很容易发生在青少年群体中，比如孩子们追星，其实也是一种晕轮效应。他们喜爱某个动漫人物或某个明星，于是去买与之相关的玩具或者周边产品。他们之所以购买，并不是出于真正的需要，而是因为这个动漫人物或明星在他们心中有某种光环。

  从去年开始，小美卧室的墙上贴满了某个明星的海报，而她的成绩一落千丈。而且，从去年开始，小美和父母要钱的次数变多了。她还和父母要钱买这个明星演唱会的门票,父母没有给,于是小美将自己的饭费、生活费全部攒起来,还跟朋友借了好几百元钱,用来买演唱会门票。小美就像着了魔一样,由于没有好好吃饭,最近因为贫血住进了医院。

追星族越来越低龄化。在一些成年"大粉"(追星领头羊)的鼓动下,不具备辨识能力的孩子们为明星疯狂"打榜",成为偶像明星的"数据工",而且,追星的孩子们或为明星代言的产品冲销量,或花钱买很多明星的专辑或周边产品。孩子还会把明星的观点奉为圭臬,有些明星的错误观点也会对青少年造成很深的影响。为了避免孩子在这些方面产生晕轮效应,父母应该对孩子进行正确引导。

首先,父母要对孩子进行正确的引导,告诉孩子要保持独立思考的能力。父母要给孩子一些建议,让孩子不要只看到一个人或一个群体的某种特征,要辩证地看待人和事,不要神化明星且盲目地做出一些不理智的消费行为。

其次,父母可以带孩子在生活中多了解钱。孩子的钱是从父母那里得到的,所以他们对于钱的概念是模糊的。孩子对几百、上千元钱的明星演唱会门票没有概念,钱对于他们来说只是一个数字。所以,父母平时要多带孩子一起逛超市和菜市场,让孩子拿钱去买生活用品、蔬菜水果。这样,孩子才能逐渐对钱有概念,逐渐学会正确地花钱,逐渐学会把钱花在该花的地方。

善用目标效应，
培养孩子的理财思维

目标效应是指个体为达到一定目标而产生出意志力。它是一种积极的驱动效应，人们一旦确立了明确的目标，就会朝着这个目标不断地前进，直至实现这个目标。

心理学家认为，目标的设置情况直接影响个体在活动中的努力程度。在个人能力允许的范围内，定的目标越高，个体的坚持性越强。通俗地说，就是那些有明确的、可实现的目标的人更容易获得成功。

学校组织远足活动，参加活动的同学被分成三组。第一组学生没有老师带队，也不知道远足的目的地，还没走两三公里，就有学生抱怨，且走不动了。第二组学生有带队的老师，老师告诉学生们远足的目的地是10公里外的一个公园，但是学生们并不知道多久才能走到，于是越走越慢。第三组学生也有老师带队，老师不仅告知学生全程的公里数，而且，每当学生走完1公里，老师就会为学生们加油打气。

最终的结果是，第三组最先到达远足的目的地。

上述例子就是一个定位速效实验，是目标效应的一种体现。这个实验表明：当孩子有明确的目标，并且能够及时获得正向反馈时，孩子达成目标的驱动力最强。

那么父母该如何利用目标效应，培养孩子的理财思维呢？

孩子一般生活经验较少，且基本没接触过理财知识。父母可以帮孩子制定一个小的理财目标，比如孩子想买一个玩具，或者孩子想去游乐场游玩……那么，父母可以借机让孩子学会制订攒钱计划，或者让孩子参与家务劳动获得报酬，让孩子在父母的引导下，一步步实现自己设置的理财目标。

父母还可以和孩子一起玩"家庭银行"等小游戏。比如孩子可以把自己的压岁钱放在父母这里"储蓄"，孩子可以获得"利息"；比如孩子可以向父母"贷款"，之后通过家务劳动或其他方式挣钱还"贷款"；等等。要让孩子在游戏中了解社会的运行规则，了解钱是如何流通的，并了解一些储蓄的知识。

了解童年报复性补偿效应，别给孩子留遗憾

童年报复性补偿效应是指孩子童年时的某种欲望未被满足，待长大成人后，往往会通过报复性消费去弥补以前的遗憾。

生活在三线城市的小雅一个月的工资过万，工资水平高于很多人，且无须租房，但她的工资总是不够花，甚至还要从花呗之类进行借款才能维持生活。同事问她原因之后才知道：她的工资大部分用在了买可爱的洋娃娃上面。其实，小雅小时候虽然家庭条件不差，但父母对小雅实行的是"穷养"，很少给小雅零花钱以及买玩具。小雅小时候有段时间一直都想要一个可爱的洋娃娃，但是父母总是以"这东西没用"等理由拒绝她。小雅现在已经20多岁了，洋娃娃对她来说并不是必需品，这么大的人还总是买洋娃娃，这在同事或朋友看来很幼稚。但是，小雅看到好看的洋娃娃总是会忍不住消费，家中的柜子里、桌子上摆放的都是各式各样的洋娃娃。

　　成年后的小雅总是忍不住买洋娃娃，这就是一种报复性补偿心理效应。心理学家认为这种童年报复性补偿心理的出现是因为一种未完成情结，一个人因为童年时期的某些需求未得到满足，而在成年后通过过度补偿的方式寻求心理上的平衡和满足。这种报复性的过度补偿心理会让人在掌握了经济权后，不断地"买买买"。比如，有的孩子小时候父母不让他吃糖，于是他长大后就会非常爱吃各种糖果；有的孩子童年期缺少父母的陪伴，缺乏安全感，有可能在成年后，在情感方面也存在深深的不满足感，总想从外部获取更多感情来填补自己内心情感的空缺和不足。

　　心理学家阿德勒说过："幸运的人，一生被童年治愈；不幸的人，一生都在治愈童年。"例子中的小雅这种报复性的购买行为，就是她童年时的需求没有得到满足而产生创伤，在成年后想通过不断地"买买买"的行为去治愈自己童年的创伤。

　　为了避免孩子产生类似的童年创伤，父母应该怎么做？

　　父母要尊重孩子，尊重孩子合理的需求，认真倾听孩子说话，鼓励孩子表达自己的观点和需求。当孩子提出并不过分的物质需求时，父母应该尽量满足孩子。如果父母真的条件有限，暂时没法满足孩子的需求，则要和孩子好好沟通，对孩子解释原因，而不是说一句"这东西买了也没用"来敷衍孩子。父母接连拒绝孩子的需求，只会让孩子不再对父母表达自己的需求，从而压抑自己的需求。这种被压抑的需求有可能在孩子成年后被放大，他为了填补内心的某个"黑洞"，而不断地"买买买"。

所以，对于孩子的合理需求，父母应该尽量满足，这样，孩子才能成长为有安全感、自信、有积极的价值观的人，能够共情、理解并尊重他人，并成长为能够理性消费的成年人。

了解强化效应，
在潜移默化中培养孩子的金钱观

强化效应又叫小红花效应，指的是通过奖励的方式激励孩子增强某种行为发生的概率。比如，在幼儿园里，老师给那些表现好的小朋友，比如吃饭吃得好、按时午睡的小朋友奖励小红花。这种情境下，小红花就是一种正向激励手段，孩子会因此而产生自我驱动力，让自己做得更好，以得到更多的小红花。

洛克菲勒家族拥有巨额财富，但是整个家族却崇尚节俭，热衷创造财富。小洛克菲勒当年要通过做家务才能获得零花钱，而且父亲还要求小洛克菲勒记账，每到月底会查阅他的记账本。如果小洛克菲勒用钱不当或者没有记清楚账目，父亲在下个月就会减少他的零花钱。如果小洛克菲勒能将自己零花钱的20%以上储蓄起来，那么父亲会奖励他同等金额的零花钱。

洛克菲勒家族对孩子金钱观的培养也非常值得我们借鉴和学习。一个好的理财习惯对孩子来说是受益终生的。父母可以结合心理学中的强化效应，帮助孩子养成良好的金钱观。

父母可以帮助孩子养成记账的习惯。比如，父母可以送给孩子一个精美的记账本，鼓励孩子将自己的收入和消费记录下来。刚开始孩子缺乏经验，父母可以耐心地指导，让孩子学会使用记账本，进而让孩子养成手里的金钱总是有结余的习惯，且养成储蓄的习惯。

此外，如果孩子想要拥有某件物品，但是自己的零花钱不够时，孩子可以向父母申请，但是必须要向父母说清楚买这个物品的用途。如果父母能够被说服，就可以把钱给孩子，让他自己去买想要的东西。如果孩子说不清楚为什么要买这件物品，父母可以拒绝给孩子钱或帮孩子支付。这样做，既可以锻炼孩子的表达能力，又能锻炼孩子的理财思维。

了解棘轮效应，
让孩子养成节俭的美德

棘轮效应指的是人们的消费习惯是不可逆的，即易于向上调整，而难于向下调整，通俗地讲，就是"由俭入奢易，由奢入俭难"。节俭是中华民族的传统美德，诸葛亮在《诫子书》中曾说："静以修身，俭以养德。"《尚书》中提出"克勤于邦，克俭于家"。父母在教育孩子时，应该注重培养孩子节俭的美德，避免奢侈和浪费。

商纣王登上王位后，一直跟他作对的叔叔箕子命人做了一双非常精美的象牙筷子，将筷子送给纣王。纣王很开心，为了能与这双筷子相配，他将所有餐具都换成了精美的器皿，又让仆人制作精美的食物。享受美味的食物时，他也要穿着精美的服饰，后来又建造了奢华的宫殿。

纣王因为一双象牙筷子，一步步地变成昏君，最后，商朝被周武王灭国。

时下，有很多年轻人因为买奢侈品而背负上沉重的债务，这样的事例比比皆是。为了避免让孩子落入这样的消费主义陷阱，为了避免孩子出现棘轮效应，父母应该做到以下几点。

父母以身作则，自己要做到勤俭节约。父母如果可以在生活中做到勤俭节约，孩子自然也会在潜移默化中养成节俭的美德。如果父母经常与他人攀比，孩子也会变得虚荣。

让孩子知道挣钱不易。如果孩子一向父母伸手要钱，父母就痛快地把钱给孩子，那么，孩子不但不知道每一分钱的来之不易，而且认为只要自己张张口就能获得。重要的是：要让孩子知道赚钱不易。这样，孩子花钱就不会大手大脚、漫不经心了。

父母要让孩子知道节俭并不丢人。有些人总是会因为追求面子或他人的认同而花很多不必要的钱，背后其实是虚荣心、攀比心、从众心在作怪。一定要让孩子知道：节俭并不丢人，在需要用钱时拿不出钱才丢人。节俭的目的是培养健康的生活方式，涵养道德品质，以及为未来做准备，并确保生活幸福。

最重要的一点：要让孩子明白，节俭并不是吝啬。节俭是一种理性的生活方式，是一种合理地管理资源和财富的态度，可以使我们更好地规划生活。而吝啬是一种不愿与人分享、不愿给予的心态，是贪婪和自私。

警惕羊群效应，
指导孩子正确认识自己的需求

羊群效应是指个人的观念或行为由于受某些群体影响，而向与该群体保持一致的方向变化的现象。通俗地说，就是人们经常受到多数人影响，而跟随多数人的思想或行为，这被称为从众效应。在日常生活中，羊群效应非常普遍，而消费行为很容易产生羊群效应，很容易受到周围人的影响。时尚潮流就是利用了羊群效应——周围的人都在买，我也要买。

暑假，小强的妈妈给上四年级的小强报了篮球训练班，但每每过了下课时间，却迟迟不见小强回家。这次，小强的妈妈没忍住，出去寻找，她发现小强和小伙伴正在小区花园里玩"拍烟卡"的游戏，把回家的时间忘得一干二净。这样的事情并不是个例，有的父母反映因为玩"拍烟卡"，许多小孩对香烟品牌的了解甚至超过了吸烟的成年人。而孩子们为了收集不同的烟卡，或去翻垃圾桶，或去大排档捡烟盒，有的孩子甚至直接向陌生人要烟盒，还有孩子要求父母在网上购买烟卡。

小强玩"拍烟卡"游戏就是受周围环境影响而产生的羊群效应。游戏和玩耍是孩子的天性，通过和小伙伴玩游戏，孩子可以认识他人，与他人建立友谊，探索世界。但是"拍烟卡"游戏把香烟盒作为玩具，可能会给孩子造成错误的引导，有些孩子还把香烟的品牌和价格作为烟卡是否稀有的标准，很容易让孩子养成攀比心理。此外，有些孩子为了收集烟盒，去找陌生人索要烟盒，甚至去翻肮脏的垃圾堆，既不安全，也不卫生。

父母如何引导孩子，使孩子免于陷入羊群效应？

首先，父母应保持理性、独立思考，不盲目跟风。因为孩子会效仿父母，常把父母作为榜样，所以孩子也会潜移默化地进行理性判断、独立思考，不盲目跟风。教育的最终目的不是给孩子们传输大量的知识，而是培养孩子独立的思维和健全的人格。在日常生活中，父母可以做孩子的向导，告诉孩子哪些行为是错误的盲从，哪些行为是正确的学习和借鉴，这样，孩子就会逐渐拥有正确的判断能力。

其次，父母应该多与孩子沟通。有空闲时间时，父母要放下手机，主动和孩子聊天。孩子实际上非常愿意和父母分享学校里发生的事，聊一聊班级里发生的趣事等。父母只有对孩子有充分的了解，才能对孩子做出正确的引导。比如，对于"拍烟卡"这个游戏，父母不一定要阻止孩子参与，但是可以运用其游戏规则，将烟盒换成其他卡片。父母只有知道孩子们最近都在流行什么，才能在孩子行差踏错时及时对其纠偏。